雷電から御嶽海まで

信州の相撲人

京須 利敏

信濃毎日新聞社

雷電から御嶽海まで　信州の相撲人《目次》

相撲人編

力士

脇役

その他

現役編

相撲人

資料編

■コラム

■大相撲一口メモ

相撲人編

信州の生んだ史上最強力士

雷電《らいでん》為右衛門《ためえもん》

東御市出身

大相撲一の〝スーパーマン力士〟は誰か？　現役では白鵬。少し前なら貴乃花。ウルフ千代の富士もいた。憎らしいほどに強かった北の湖。32回優勝の大鵬。そして69連勝の双葉山…。名前を挙げていったらきりがないが、百人の選者がいたとして、掛け値無しナンバーワンに推されるのは信州の生んだ雷電為右衛門だろう。

破格の関脇付け出し

現在の東御市（旧小県郡東部町滋野大石）出身の雷電の生涯勝率は9割6分2厘。最高位大関。〝最強力士がどうして大関なの？〟と疑問が浮かぶのは当然だが、当時は大関が最高位。横綱はあくまでも称号で地位ではなかった。あまりの強さに横綱の称号を与えるタイミングがなかった、など諸説入り交じって伝えられているが、正確な理由は不明のま

最強力士、雷電為右衛門

までである。

雷電は明和4（1767）年生まれ。本名関太郎吉。15歳で信州丸子の在（現上田市長瀬地区）にあった「石尊之辻」の相撲道場で修業した後に、17歳で浦風部屋入門。師匠の浦風親方はすぐには初土俵を踏ませず、しばらく谷風の内弟子としてけいこを積ませた。ころはよし、とゴーサインを出してのデビュー戦は寛政2（1790）年11月場所。破格の関脇付け出しだった。学生相撲でタイトル量産のエリートでも幕下付け出しが精いっぱいだ。問題にならない好待遇のスタートである。初土俵前には出雲国松江藩松平家

東御市に復元された雷電の生家

雷電の生家に残る土俵

がスポンサーになっているくらいだから、早くから期待の星だったのである。いきなり8勝2預かり。今なら幕内最高優勝に相当する。

巨体、怪力、そして酒豪

最盛時の身長、体重は197センチ、172キロ。巨体と怪力で無類の強さを発揮した。対戦相手がけがをするので、張り手、鉄砲（突っ張り）、閂《かんぬき》が禁じ手とされたというが、これは講談話で、史実としては実証されていない。だが、そんな逸話が語られるほどに強かったということだ。幕内通算の成績は254勝10敗2分け14預かり5無勝負41休み。1場所で2敗することはなかった。同じ相手に2度負けたのは花頂山《かちょうざん》（大関）一人だけだった。相撲の強い雷電は酒の強さもけた外れで、長崎巡業の際、酒豪自慢の中国人・某と飲み比べ。お互いに1斗（約18リットル）を飲み干したが、そこで相手は酔いつぶれてしまった。しかし、雷電は悠然と熟睡中の中国の大人に布団を着せかけ、さらに一人で1斗をたいらげたという。

大関、関脇相手に負けなし

大相撲の連勝記録といえば双葉山の69連勝が有名だが、古今最強力士といわれる雷電は

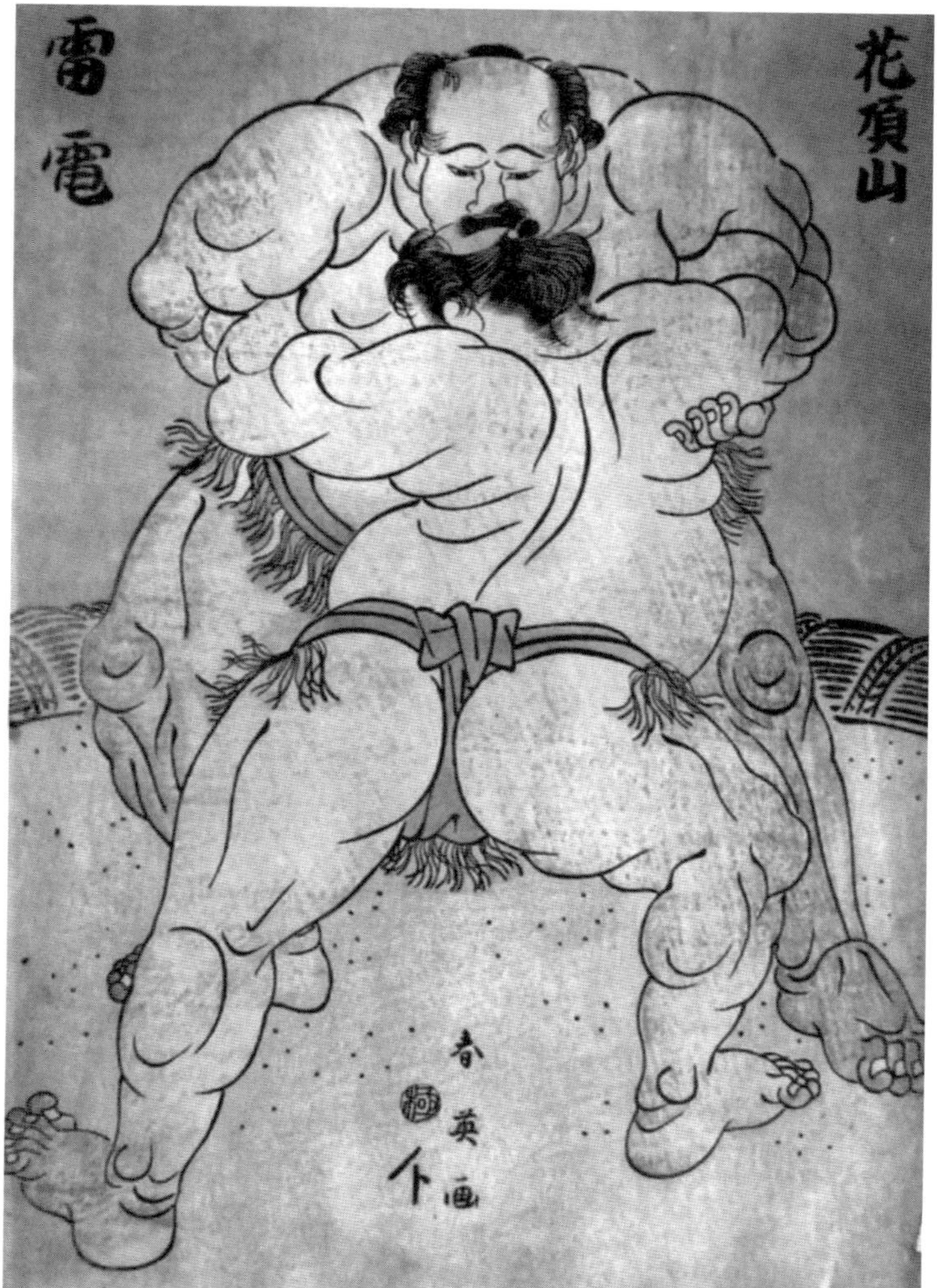

雷電が唯一2敗した花頂山との取組図（勝川春英画）

50勝の大台にも乗っていない。だが、43連勝して1敗、その翌日からまた勝ち出して44連勝。そこでまた不覚の1敗を喫して、その後38連勝をしている。さすがである。

江戸時代にはもちろん大正時代までは取り直し制度がなく、引き分け、無勝負も多かった。また不戦勝制度も確立していなかった。一方が休場すれば両者とも休場扱いになるなど、現在とは状況が違っていた。が、それはそれとして、雷電はその生涯に引き分けがたった2度しかない。その数字から果敢に攻める攻撃型の取り口が想像できる。そしてトータル10敗の内訳は小結1、平幕7、十両2の、いわゆる〝取りこぼし〟ばかりで、大関、関脇相手には1度も負けていない。花頂山の2敗は、花頂山が大関になる以前だった。双葉山の69連勝、白鵬の63連勝、千代の富士の53連勝が間に休場、無勝負などをはさまない完全連勝の上位3傑だが、いわゆる引き分けなどを無視しての単なる連勝では、雷電の44連勝は歴代8位の記録となっている。

雷電といえば為右衛門

昭和の戦前に「双葉の前に双葉なし、双葉の後に双葉なし」と言われたの

大相撲一口メモ・1　明け荷

自分の化粧まわし、勝負まわしなどを一切入れておく〝トランク〟のようなものです。十両以上の関取になって初めて所有することができます。竹で編んだ上に日本紙張り、漆で塗り固めてあり、とても丈夫にできた籠です。

が双葉山だが、江戸時代の強豪・雷電為右衛門の前後には「雷電」が数人いる。宝暦時代の雷電為之助は鳥取県米子市出身で大阪、京都相撲から江戸に上り、関脇に付け出された。雲州松江藩松平家抱えだった。

今なら考えられないが、寛政の同時代には〝二人の雷電〟がいた。兵庫県加古川市出身の雷電灘之助は姫路藩酒井家抱え。大阪相撲から江戸に転じている。1場所遅れで長野県出身の雷電為右衛門が雲州松江藩から関脇付け出しでプロデビュー。早速〝二人の雷電〟の対決が実現した。その後もしばらく雷電対決が続いたが、実力は為右衛門が上。結局は1場所兄弟子の灘之助が「参りました！」とばかりに、手柄山繁右衛門と改名している。最強力士・為右衛門引退後の明治時代になって雷電震右衛門（石川県羽咋市出身）が登場し、43連勝をマーク。横綱も期待された大関だった。

文武両道

相撲界のヒーロー・雷電為右衛門は文化8（1811）年、44歳で引退。雲州松江藩相撲頭取として、後進の指導に当たった。土俵上の無敵ぶりは紹介した通りだが、教養もあって筆も立った。文武両道で、相撲の頭取としての藩の公文書ともいえる「萬御用覚帳」を書き、現役中から引退後の27年間にわたって巡業の記録を克明につづった「諸国相撲控帳」

もある。いずれも貴重な相撲資料として残されている。
文政8（1825）年2月11日、妻八重の生地である千葉県佐倉市で没。数え59歳だった。その墓は佐倉市浄行寺、東御市の養蓮寺のほか、東京・赤坂の報土寺、島根県松江市の西光寺の4カ所にある。

コラム1

大相撲の1年

その昔は「1年を20日で暮らす良い男」と言われていた時代がありました。1年二場所で10日間興行。本場所を20日間取ればよかったからです。もちろん、地方巡業などがあって、実際にはそうはいきませんが…。現在は1年六場所。90日が本場所です。4日に1日の本場所勝負。「無事これ名馬」と言いますが、病気、ケガの治療もままならず。お相撲さんも大変です。1年六場所は1月、5月、9月が大相撲の殿堂である東京・両国国技館で開催され、3月は大阪、7月は名古屋、11月は福岡で行われます。新聞、テレビなどのマスコミは初場所（1月）、春場所（3月）、夏場所（5月）、名古屋場所（7月）、秋場所（9月）、九州場所（11月）と紹介していますが、相撲協会の正式名称は「一月場所」「九月場所」です。

一月初場所は原則的に第二日曜日が初日です。それぞれの場所の新番付は本場所開催の2週間前に発表されます。番付は部屋、力士の後援会などに入っていない一般の方でも相撲協会に申し込めば購入可能です。

真田侯お抱えの実力派

君ヶ嶽助三郎

きみがだけすけさぶろう

長野市松代町東寺尾出身

入幕は弘化4（1847）年11月場所。強豪・雷電の引退後、久しぶりに出た信州出身の幕内力士が君ヶ嶽助三郎である。信濃国埴科郡東寺尾村（現長野市松代町東寺尾）出身。文化11（1814）年生まれ。本名は若林姓で名は助三郎、あるいは介松といった。信州に勢力を伸ばしていた浦風の門人となり（後に境川部屋の所属）天保5（1834）年10月に21歳で初土俵。幕内昇進は数え34歳。その後も出世は順調で三役目前の前頭筆頭まで上がったが、現役だった嘉永7（1854）年8月に41歳で急逝した。米国使節ペリー提督の黒船が神奈川県浦賀沖に現れた翌年のことである。

黒船軍団を驚かす

ペリーの黒船襲来は江戸300年にわたる鎖国の扉をこじ開けたが、大相撲の関取たちは江戸幕府に協力して、浦賀の守りに加わった。そのことが「龍神出場記」という書物に記されている。力士たちは黒船軍団の外国人の前で土俵入り、けいこ相撲などを披露。幕内土俵入りの東方力士の中に君ヶ嶽の名が小柳、雲竜らとともに見られる。「小柳はアメリカの水兵三人を一度に相手にして、一人を差し上げ、一人を小脇に抱え、もう一人を脚下に踏み締めた。また各力士たちは米俵一俵、二俵を軽々と持ち上げて目の前の外国人の度肝を抜かした」と書かれている。

兄弟弟子と対戦

さて、今回登場の君ヶ嶽は十両在位

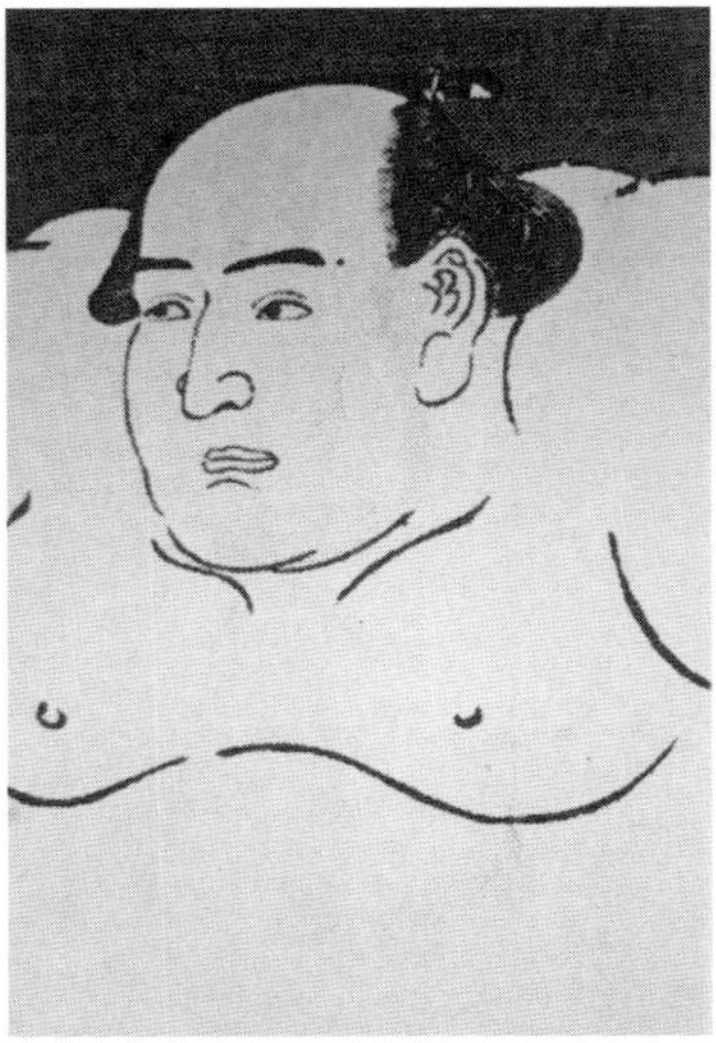

三役目前の前頭筆頭まで上がった君ケ嶽（国貞画）

境川部屋所属の“兄弟弟子”だが、君ケ嶽と対戦した雲早山（国貞画）

11場所で幕内に上がっている。十両時代に「浦風部屋」から年寄・境川の養子となり「境川部屋」に所属が替わった。ところが明らかに境川部屋移籍後の星取り表には境川の弟子との本場所での対戦が記録されている。君ヶ嶽の番付・頭書（今で言う出身地、当時はお抱え大名の藩名などが記載されていた）には郷里の「松代」とある。松代藩真田侯お抱え力士であることは歴然で、境川の弟子の雲早山《くもさやま》は「阿波」、緑川は「丸亀」の頭書だった。

江戸時代は同じ師匠を持つ兄弟弟子でも、京都、大阪の上方から来た力士（雲早山は大阪の湊部屋から境川部屋に移籍）とは東方、西方に分かれる場合が多く、また藩のお抱え、出入りなどが違えば対戦させられた。現在なら〃同部屋対決〃とマスコミがあおるところだが、当時の部屋制

小柳対荒馬の錦絵。西土俵下の控え力士の中に君ケ嶽の名も（豊国画）

度は現在とは根本的に異なり、一般的に言うところの〝同部屋対決〟は適当な表現ではない。

最高位は前頭筆頭

それはともかく、君ヶ嶽の幕内14場所での成績は50勝42敗20分け。勝率5割4分3厘は立派だ。東前頭2枚目だった嘉永5（1852）年2月場所には大関・鏡岩、小結・常山を倒し、関脇・荒馬と引き分けて5勝1敗3分け1休みの見事な星を挙げ、翌場所には自己最高位の東前頭筆頭に番付を上げた。２枚目で４点の勝ち越し。本来なら小結、いや、関脇に抜てきされてもいい成績だが、いつの時代でも番付に運、不運はつきものだ。上位力士がそろって勝ち越していれば番付は上がらない。番付昇降で笑う力士、泣く力士のドラマは事欠かない。君ヶ嶽はその意味ではついていなかったと言えるだろう。

ちなみに君ヶ嶽が自己最高位の東前頭筆頭で迎えた嘉永５年11月場所（下記の番付表を参照）の成績は３勝３敗４休みだった。この場所、東前頭３枚目にいた雲竜久吉が７勝１敗１分けの成績で２度目の優勝を飾っている。この雲竜は後に10代目横綱となり、今に残る土俵入り「雲竜型手数入り」の創始者といわれる。

翌年の嘉永６年３月に、師匠であり、養父でもあった境川親方が亡くなった。その跡目を現役の君ヶ嶽が継いで４代目境川を襲名し、前述の雲早山（最高位は

君ヶ嶽が最高位時の幕内番付
（嘉永5年11月場所）

	東	西
大関	小柳	鏡岩
関脇	猪王山	荒馬
小結	荒熊	常山
前頭1	君ヶ嶽	階ヶ嶽
2	雲早山	黒岩
3	雲竜	六ツヶ峰
4	荒岩	象ヶ鼻
5	滝ノ尾	一力
6	響灘	厳島
7	熊ヶ嶽	宝川
8	緑川	鶴ヶ峰
張出	鬼岩	
張出	鬼勝	

（注）番付の「張出」はいずれも客寄せのための〝怪童力士〟。土俵入り専門で相撲は取らなかった。

前頭筆頭）らを引き継ぎ、年寄兼務で土俵に上がった。しかし、1年後の8月に現役のまま郷里の実家で人生の幕を閉じた。享年41歳だった。年寄・境川襲名の披露興行か何かで郷里での巡業中に急逝したのではないかと推測されている。

コラム2

雲竜型と不知火《しらぬい》型

横綱の土俵入りには「雲竜型」と「不知火型」があります。稀勢の里は「雲竜型」で、土俵中央で四股を踏んだ後に左手を胸に当て、右手を前にさっと大きく広げてせり上がります。白鵬は両手を大きく広げるスタイルで「不知火型」と言います。江戸時代に「雲竜」「不知火」という実在の横綱がいましたが、のちの横綱が二人の真似をして受け継がれたわけではなく、華麗で評判だったことからいつの間にか「雲竜」「不知火」の名称がついたようです。双葉山、大鵬、北の湖、千代の富士、貴乃花、朝青龍は雲竜型。羽黒山、吉葉山、旭富士や現役の白鵬らは不知火型です。

「横綱」は初めは地位ではなく、大関の最強者に与えられた称号でした。江戸時代から明治の中頃までは番付に「横綱」の文字はありませんでした。

明治23年夏場所。大関4人のうち、初代西ノ海が張出大関とされたことに不満を持ち、「横綱を免許された大関を張り出すのはおかしい」と師匠に直訴。協会幹部は知恵を絞って、非常手段として番付面に「横綱」の称号を明記。このことが横綱を地位化する前提となっています。

〝赤い綱〟を付けての還暦土俵入り。北の富士は自分が育てた千代の富士と北勝海の二人の横綱を従えて土俵入りをしました。最近では北の湖、千代の富士が行っていますが、不幸にもその1、2年後に亡くなっています。これからという60歳代前半での他界は惜しまれました。

非業の死、無念の硬骨漢

武蔵野弥助

むさしのやすけ

飯山市蓮飯駒出身

武蔵川（7代目＝元前頭3枚目荒汐）の弟子となり、弘化2（1845）年3月場所初土俵。初名丹波川弥助から三段目の同5年正月に武ノ川と改め、幕内昇進を目の前にした安政4（1857）年11月に師匠名から二文字をいただいて武蔵野と改名している。同5年11月、34歳で入幕を果たした。だが、せっかくの新入幕の場所は、江戸に大火があって本場所興行が中止という不運に泣いた。さらに幕内を1場所務めた後の巡業中に不慮の死を遂げて、力士としての大成は成らなかった。

新入幕場所は大火で中止

武蔵野が新入幕の場所の興行中止は安政5年の2度にわたる江戸の大火が理由だった。「火事とけんかは江戸の華」だったが、それにも限度がある。2月には日本橋から佃島までの一帯の大火事で、一説によると12万4千軒が焼失したといわれている。また11月には神田一帯も焼き尽くした。相撲見物は当時の江戸庶民の楽しみでもあったが、度重なる大火で「相撲どころではない」のも当然だった。

また同5年は日本全体が揺れ動いている動乱の時代でもあった。井伊直弼が大老と

武蔵野弥助

なったのは4月のことだった。ハリスと日米修好通商条約に調印。ロシア使節、江戸に入る。オランダ、ロシア、英国と修好通商条約に調印。フランス使節、軍艦3隻を率いて品川沖に至る。そして、いわゆる「安政の大獄」が始まった。そんな時代背景の中での幕内昇進だった。入幕1場所目を棒に振った武蔵野は同6年1月場所に幕内力士として初めて土俵に上がった。成績は2勝3敗5休み（○雲生嶽、や、●外ヶ浜、○燧洋、や、や、●伊吹島、●綾浪、や、や）だった。

義ノ為ニ没ス

前頭5枚目を最高位に翌場所には武蔵野の名は番付から消えている。同年7月に雲竜、境川の東西大関を柱にした巡業が大阪、天満で行われた際に非業の死を遂げたからだ。伝えられるところによれば、某大名の息子が土俵上で放尿。他の力士は大名の権威を恐れて黙って見過ごした。だが、正義感の強かった武蔵野は「神聖な土俵を汚す不心得者」と殴りつけた。息子猛愛、溺愛《できあい》のバカ親父、バカ大名はどこにでもいる。硬骨漢の武蔵野は即日お手討ちになったという。36歳。無念の絶命だった。

大相撲一口メモ・2　おこめ

江戸時代、関取は大名に召し抱えられ、扶持米をもらいました。要するに〝給料〟のことを言い、そこからお金のことを「おこめ」というようになりました。

「武蔵」というしこ名から、しばらくは相撲史研究家らの間で江戸の力士と思われていた。だが、師匠「武蔵川」の二文字を名乗り、飯山藩本多家から扶持を受けていたことが判明。昭和に入って郷里のＪＲ飯山線・蓮駅近くの飯駒地区に追善碑が建立された。碑の表面中央に「武蔵野弥助碑」の文字が彫られ、裏面には略歴と発起人の一人として日本相撲協会取締・入間川七五郎の名が刻まれている。入間川取締は大正時代の横綱栃木山の養父にあたる実力者で、その栃木山の弟子が名人横綱栃錦、後の春日野理事長である。碑には「大阪巡業中、義ノ為ニ没ス」と記されている。

飯山市飯駒地区にある武蔵野弥助碑

変動の時代に土俵沸かす

鷲ヶ浜音右衛門
わしがはまおとえもん

長野市松代町出身

天保9（1838）年2月、埴科郡清野村（現長野市松代町）生まれ。本姓を柳沢といったが、明治5（1872）年に実施された初の全国的戸籍（壬申戸籍）制定の際に年寄名跡の常盤山《ときわやま》を名字にしている。先代常盤山の弟子となり、師匠の前名・箕島《みのしま》を継承、入幕後にやはり師匠の前名である鷲ヶ浜に改名した。それ以前にも常盤山親方の愛弟子で長崎県出身の力士が鷲ヶ浜を名乗っており、区別する意味で「信州の鷲ヶ浜」と呼ばれていた。

幕末に十両、維新後に入幕

最高位は東前頭4枚目。明治3年から9年まで幕内を連続して6年半、13場所勤めている。幕内成績は32勝42敗8分け、勝率は4割3分2厘だった。満19歳で初土俵。初め小金《こがね》山《やま》のしこ名で土俵に上がった。出身地などが記される頭書は序ノ口では〝江戸〟になっていたが、三段目から〝松代〟と変わった。このことから故郷、松代藩真田家のお抱えになったことが分かる。江戸末期の慶応4（1868）年十両昇進。明治3年、32歳で入幕を果たす。その前年に師匠が亡くなったが、入幕3場所目に愛娘の入り婿となり、しこ名を箕島から鷲ヶ浜と改め、同時に年寄・常盤山の二枚鑑札となっている。そして戸籍制度改正で年寄名跡をそのまま姓として届けている。

官軍加勢で奮闘も

明治の初めの相撲界は大名の扶持を離れて、経済的打撃を受けた。また文明開化、欧米万

鷲ヶ浜音右衛門

能の世相にあって〝進歩派〟からは「相撲は野蛮な裸踊り」と軽視され、不況のどん底にあえいでいた。存続の危機から、明治6年に相撲会所（相撲協会）の改革を叫んだ高砂浦五郎（元高見山）らが行動を起こしている。鷲ヶ浜は高砂一派には加わ

らなかったが、そんな混沌とした変動の時代に関取生活を送っている。

　その後、明治９年10月に福岡県で「秋月の乱」が勃発した。当時は明治維新後の政府に対して、不満を持つ旧藩士の一団が各地で蜂起していたが、そのうちの一つが筑前秋月藩士らの乱だった。たまたま東京相撲の一行が福岡県下を巡業中に「秋月

「秋月の覧」を描いた錦絵（長島孟齋画）の中で奮闘する鷲ケ浜（右端）、左端は横綱梅ケ谷

の乱」に遭遇。力士たちは福岡県令の依頼で官軍に加勢。38歳で現役を退き、引退したばかりの鷲ヶ浜も巡業に出ていて、官軍加勢に参加して奮闘している。そのときの模様を描写した「東京相撲秋月之賊徒を捕縛する図」（永島孟齋画）には、後の横綱梅ヶ谷藤太郎らとともに鷲ヶ浜の勇姿がはっきりと描かれている。

記念碑に足跡

9代目年寄・常盤山となった鷲ヶ浜は後進の指導に当たったが、弟子運に恵まれず一人の関取も育てることはできなかった。明治24（1891）年5月、松代に「象山《ぞうざん》公園」が開園。そのこけら落としに行われたのが東京相撲の興行だった。「象山奉納角力之碑」の記念碑には東京年寄として常盤山ではなく、鷲ヶ浜音右衛門の現役名が刻まれている。

晩年は不遇で体調を崩し、部屋も閉じられた。明治30（1897）年8月30日（29日説もある）胃がんのため満59歳で他界。行司になった長男は名古屋相撲に脱走したままで、死に目にも葬儀にも立ち会えなかったという。

大相撲一口メモ・3　かわいがる

兄弟子や番付上位の者が新弟子などにみっちりと稽古をつけること。激しい稽古で一見〝しごき〟〝いじめ〟のように見えますが、実は後輩に厳しい稽古をつけることで、実力アップを図る狙いがあり、結果的に「可愛がる」という反語になります。

コラム3

力士のマゲ

〝お相撲さんの　どこがようて惚れた。けいこ帰りの　乱れ髪〟。

マゲには大銀杏とチョンマゲの二種類があります。明治維新の数年後、時の政府は「断髪令」を出しましたが、何故か相撲愛好家の政府高官に、力士だけは特別にマゲをつけることを許されました。

お相撲さんの魅力は、なんといっても頭に載っているマゲでしょう。マゲがなかったら、ただ大男がぶつかりあっているだけのプロレスと変わりがないでしょう。昭和７年に協会刷新を旗印に「春秋園事件」がありました。関西で興行した協会脱退派の関脇天竜一派は、はじめ物珍しいこともあって人気を呼びましたが、すぐにファンに飽きられてしまいました。一番の原因は、力士の象徴であるマゲを切ったためといわれています。十両以上の関取が、本場所で結うのが大銀杏です。マゲの先端がイチョウの葉に似ているところからの命名です。幕下以下は大銀杏は結えず、本場所でも簡単にちょこんと束ねただけのチョンマゲです。

今でも、マゲは封建時代の遺物だという人もいますが、外見上の美しさだけでなく、マゲがあることで立ち合いの激突や、倒れたり土俵下に転落したときの衝撃を防ぎ、頭部を保護するという役目もあります。現実的な必要からも、これからもマゲはなくならないでしょう。

力士のマゲを結う人を「床山」と言います。語源は、江戸時代に歌舞伎役者の特殊な髪を結う調髪師のいる部屋を「床山」と呼び、同じように力士の特殊な髪を結う人を「床山」と呼ぶようになったと言われています。一般の理・美容師とは異なるのでその種の免許などは不要です。「床山」は各部屋に属していますが、月給などは協会から支給されています。「床山」の本場所中の仕事場は東西の支度部屋。土俵に上がる行司、呼出しと違って完全に裏方ですが、番付に名前が載るようになり、若手には励みになっています。

美男の技巧派、大物食い

高ノ戸大五郎

たかのとだいごろう

飯田市龍江出身

初めは郷土の名勝である「諏訪湖」から取って「諏訪ノ海大五郎」と名乗り、十両入りしてから「高ノ戸大五郎」と改名している。最高位前頭3枚目。明治時代の典型的な中堅力士だったが、横綱・初代西ノ海に2連勝するなど、大物食いとして定評があった。現役中に日清戦争が勃発《ぼっぱつ》。自ら志願して従軍、大陸から台湾に渡った。帰国後、再び土俵に上がっている。

横綱西ノ海に2連勝

慶応元（1865）年4月29日生まれ。最初は玉垣（9代目）の弟子となり、明治16（1883）年5月場所に初土俵。一時、東京相撲から脱走したりしたが、同25年1月場所に26歳で幕内に上がった。この間、師匠玉垣親方の急逝もあって所属部屋が中立から友綱部屋に替わっている。身長170センチ、体重83キロ。美男で知られ、足技、ひねりを得意とした手取り（技に巧みな）力士だった。

力士人生のハイライトは何といっても横綱の西ノ海に2連勝したころである。同26年1月場所、高ノ戸の地位は西前頭5枚目で5勝3敗2休みの成績だったが、5日目に西ノ海を倒している。続く5月場所、西前頭3枚目で成績は2勝7敗1休みと振るわなかったが、やはり5日目に西ノ海に勝っている。横綱西ノ海の全星取り表を見ると、高ノ戸戦は2度しかなく、西ノ海は平幕の高ノ戸に2戦2敗。大の苦手だったといえるだろう。

高ノ戸大五郎

初めて番付に「横綱」

さて、高ノ戸が幕内に上がった前後の相撲界の動きについて少し説明しよう。番付に「横綱」の二文字が初めて書かれたのは入幕2年前の明治23（1890）年5月場所のことである。それまで「横綱」は単なる名誉称号であった。強い大関に土俵入りの免許が与えられただけで、番付には記載されていなかったのだ。それが、この場所から初めて明記されるようになり、横綱が大関以上の地位になる前提となった（地位としてきちんと明文化されたのは両国国技館が建った明治42年）。ところで、西ノ海の「横綱誕生」には次のような〝裏事情〟がある。既に横綱土俵入りを許されていた西ノ海だったが、

高ノ戸に２戦２敗だった横綱西ノ海

後輩の小錦が東正大関の地位で、自分が張出大関にされたことで相撲協会に不服を申し入れた。協会は処置に困ったが、折衷案として番付欄外に「横綱　西ノ海」と書くことで、一件落着とした。

自ら志願し日清戦争に従軍

高ノ戸に話を戻そう。明治27（1894）年8月に日清戦争が起きた。風雲急を告げる時代。現役の身ながら自ら志願して仙台第二師団管理部付きの従卒となって遼東半島から台湾に従軍した。「年寄・君ヶ浜はその筋の内命を受けて力士三十余名と近衛師団管理部付き担夫《たんぷ》部隊を組織。軍司令室、北白川宮殿下に従軍し…」と記された文書がある。はっきりしたことは分からないが、おそらく高ノ戸もこの中の一員として参加したのではないだろうか。1年後に復員、同29年5月場所張出前頭に名を連ねたが出場せず、その後はしばらく欠場して同32年1月場所限り33歳で引退。幕内在位は8場所。成績は25勝29敗2分け。引退後は年寄・7代目楯山を襲名。明治42（1909）年6月に旧両国国技館開館。梅ヶ谷、常陸山の「梅・常陸時代」で空前の相撲人気を呼んだ国技館最初の本場所が終わってすぐの同年7月、本所区小泉町（現在の両国2、3丁目辺り）の自宅で肺炎のために亡くなった。享年44歳。

惜しまれる29歳の夭逝《ようせい》

槍ヶ嶽峰五郎

やりがたけみねごろう

長野市松代町出身

北アルプスの名峰をしこ名に、大正期の土俵で気を吐いたのが槍ヶ嶽峰五郎。明治29（1896）年12月28日、旧松代領の更級郡西寺尾村で吉村弥次郎の長男として誕生した。熊ヶ谷部屋に入門し、19歳の大正5（1916）年1月場所に初土俵。しこ名は最初「岸ノ松」を名乗った。これは同郷の名士であり、入門の紹介者でもあった人物（岸田剛）の一文字「岸」に出身地松代の「松」を付けたもの。十両に上がるまで9場所かかったが、その間、負け越しは1場所だけだった。

入幕直前に「三河島事件」

十両に上がったのは大正10（1921）年5月場所。十両昇進の場所はそれまでの熊ヶ谷部屋ではなく、出羽海部屋に所属が替わっている。というのは師匠熊ヶ谷親方が老齢で同年1月限り部屋を閉じたからだ。所属力士による後継者争いのトラブルもあって、弟子たちは自分の意思で他の部屋に移ることが許された。まだ幕下だった岸ノ松は出羽海部屋を選んで再スタートを切り、すぐに十両に上がった。槍ヶ嶽と改名したのは入幕直前の同12年1月場所だった。当時、大阪相撲にも同名の「岸ノ松」がいて、混同されやすいこともあっての改名だった。

その1月場所直前の9日に東京相撲力士会が、相撲協会に待遇改善を要求したストライキに突入した。力士会が東京・荒川区三河島の会社工場に立てこもっての〝争議〟は解決が長引き、当時の警視総監の調停でやっと手打ちになるほどの大事件だった。和解の席で第26代横綱大錦卯一郎が「調停の責任を果たさず、局外者に解決を委ねたのは心外」と、自らマゲを切り落として廃業するというハプニングもあった。俗に言う「三河島事件」で、協会は次の5月場所から本場所日数を増やし、その収入増を力士養老金などの増額に充てることになった。

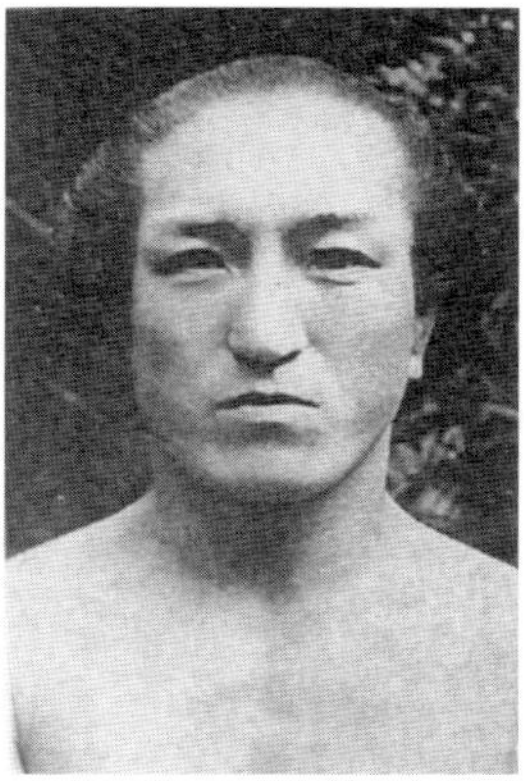

槍ケ嶽峰五郎

台湾巡業でマラリアに

1週間遅れで初日を迎えた同12年1月場所、

槍ヶ嶽は6勝3敗の好成績で夏場所の幕内昇進を決めた。その土俵ぶりについて、当時の相撲雑誌に「1月場所に岸ノ松改め槍ヶ嶽は好成績でした。元来槍ヶ嶽などは観客の眼中に留まっていなかったのに、敏捷《びんしょう》なところがあるようだ」と書かれている。

新入幕は同12年5月場所（夏場所）。同時入幕は後に大関になった常陸岩《ひたちいわ》、平幕優勝の大蛇山《おろちやま》（最高位前頭筆頭）がいる。槍ヶ嶽は突き、押しと左四つからの攻めを得意としたが、いまひとつ決め手に欠けて幕内上位には進出できずに、幕内在位6場所で最高位は前頭9枚目だった。幕内通算24勝40敗1休み。その中には、後の名大関で入幕が1場所早い清水川に勝った星も含まれている。横綱栃木山の土俵入りで露払いを務めたこともある。

三河島事件で力士たちが立てこもった工場入り口

入幕直前には「三河島事件」。そして幕内に上がって「さあ、これからだ！」と気合が入った矢先、同12年9月1日には京浜地帯が壊滅的打撃を受けた関東大震災で国技館が炎上。本場所開催が不可能となり、幕内2場所目は名古屋市で本場所が行われた。最後の場所は同15年1月場所。台湾巡業でマラリアにかかったことで急激に体力が衰え、十両に後退した場所を全休。場所直後の5月30日に現役のまま死亡した。29歳での夭逝《ようせい》だった。どちらかといえば、大相撲人気が下火だった大正時代、力士として脚光を浴びないままの人生は不運だった。

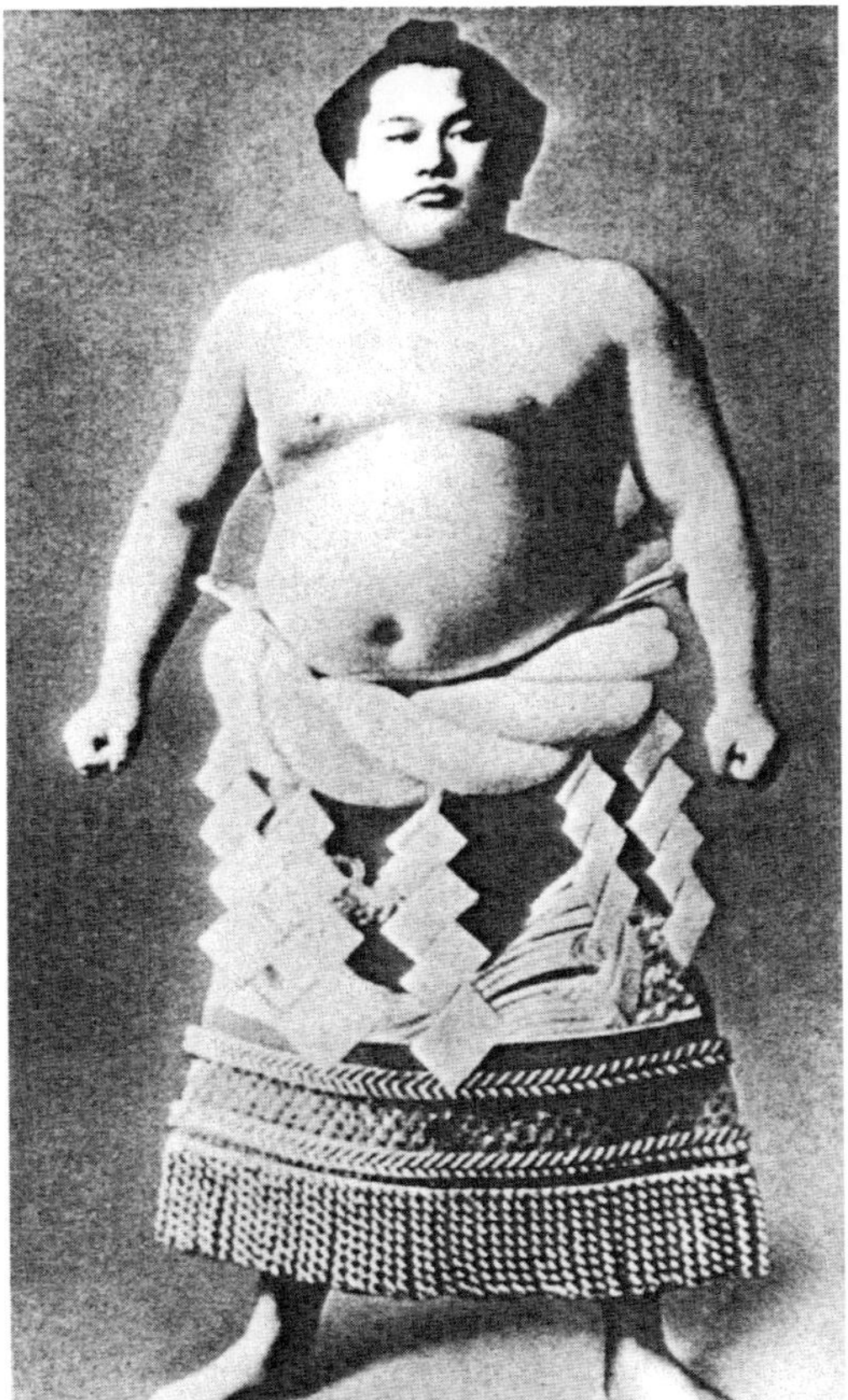

紛争の責任を取ってマゲを切った横綱大錦卯一郎

語り草の美男力士

太郎山勇吉

たろうやまゆうきち

上田市緑町出身　浦風部屋

上田盆地の北にそびえる太郎山。郷里で市民に親しまれる山の名をそのまましこ名とした美男力士（本名・宮島諭吉）は、昭和初期の土俵で女性ファンを大いに沸かせた。

黄色い声援を受けて

色白で男ぶりが良かった。「男は太郎山」と言われるほどの美男力士で、土俵入りや取組の最中には、いつも桟敷《さじき》のきれいどころから黄色い声援を受けていた。新入幕（大正14年夏場所＝1925年）当時の太郎山について、そのころの

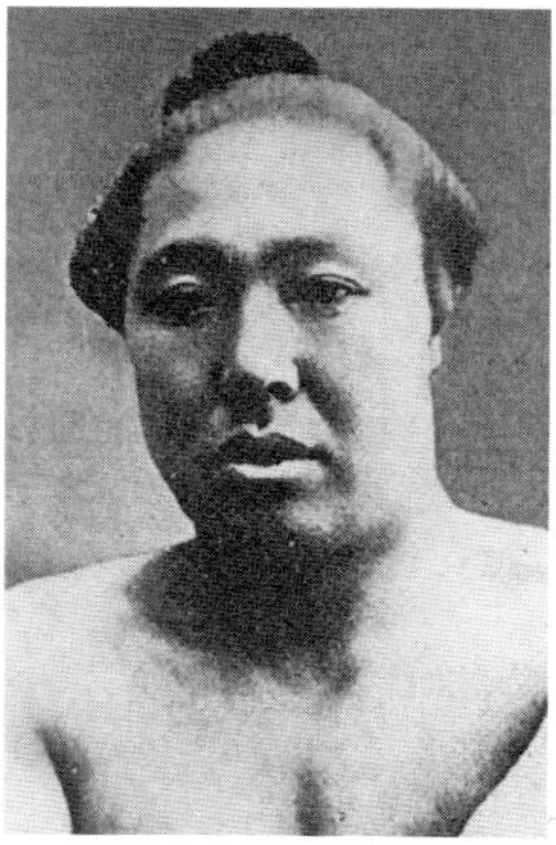

太郎山勇吉

相撲雑誌に次のように書かれている。「男がいいから、女にもててそのため中途で挫折しやしないかと、それが案じられる。自分のため、角界のため自重しなければいけない」と。一度、十両に後退して再入幕を果たしているが、そこでも「太郎山は男ぶりが良すぎて出世を妨げたが、十分三役までゆきうる素質はある」の記述がある。不思議なことに長野県は幕内力士が数人しか出ていないが、後に紹介する大鷲、大昇をはじめ今回の太郎山となぜか美男力士が誕生している。

平幕時代の横綱男女ノ川（中央）にも勝っている。左端の太刀持ちは次に紹介する高登

　太郎山の1場所後に横綱玉錦が入幕。身長2メートル、体重200キロ超の当時としてはウルトラ巨漢だった関脇出

羽ヶ嶽は1場所前に幕内に上がっている。

土俵の外にも強敵か？

昭和の初めが太郎山の活躍した時代だった。出羽ヶ嶽には3連勝するなど6勝4敗と対戦成績で勝ち越している。また平幕時代の横綱男女ノ川《みなのがわ》にも勝っている。180センチ

巨漢出羽ケ嶽との取組。対戦成績は太郎山（右）が6勝4敗と勝ち越している

の長身。その上背を利しての右四つからのつりは見るべきものがあった。体重は105キロ。体格的に申し分なかったが、欠点は勝ち味の遅いことだった。そのため上位力士には思うように自分の相撲が取りきれず期待されながら三役に手が届かなかった。10年22場所も幕内にいながら最高位は前頭5枚目に終わった。黄色い声援がやがて悲鳴にも…が度々で、敗因は？　やはり土俵の外の強敵（女性）だったのか。

　もっとも弁護するわけではないが、太郎山は昭和7（1932）年に勃発した〝革新力士団〟に参加。一時、相撲協会から離脱（1年後に復帰）したこともあり、また師匠の浦風親方（元関脇浦ノ浜）の廃業に伴って高砂部屋、伊勢ヶ浜部屋に身を寄せるなど身辺の雑事から土俵に集中できない時期があった。出世の妨げは、本当は女性ばかりではなかったのである。

　同10（1935）年春場所の引退後に師匠の年寄名跡・浦風を襲名。両国から離れた東京郊外の世田谷区に部屋を再興したが、弟子運に恵まれず関取を育てることはできなかった。親方として勝負審判委員にも選ばれたが、同39（1964）年12月30日肝臓がんのために63歳で亡くなった。

光る実績〝昭和の雷電〟

下伊那郡喬木村出身　高砂部屋

高登弘光

たかのぼりひろみつ

幼少で父親を亡くした高登（本名・吉川渉）は、下伊那郡の伯父一家で成長した。早くから玉錦、武蔵山、清水川、男女ノ川《みなのがわ》と並ぶ〝五大力士〟と言われ、昭和初期の土俵に存在感を示した。

運命のいたずら

横綱寸前、大関寸前までいきながら、目前で挫折する力士は多い。高登もその一人だった。「昭和の雷電」「信州雷電」と期待された高登は、昭和2年（1927）年春場所の初土俵から、同7（1932）年春場所の新小結の場所に病気で勝ち越しを逸すまで負け越し知らずの大物だったが、大関目前に病気、けがで涙をのんだ。

高登は長野県の出身となっているが、生まれは東京市下谷区（今の台東区）。数え年3

歳のときに父親が亡くなり、その後伯父一家に引き取られて長野県で成長した。全盛のころは185センチ、113キロの大型で、右四つ、寄りを得意にしていた。相撲雑誌の論評などには早くから「高登は玉錦、武蔵山、清水川、男女ノ川と並ぶ〝五大力士〟である」と書かれた。予想通りに玉錦、武蔵山、男女ノ川は横綱に、清水川は大関になったが、運

高登弘光

命のいたずらで一人取り残されたのが高登だった。

大関目前で涙のむ

高登は関脇で7勝4敗、9勝2敗と実績を積んだ。誰もが「大関昇進は時間の問題」と確信していたが、大事な大関挑戦の場所を胃かいようで入院、全体という不運に見舞われた。一度平幕に落ちた後、関脇に返り咲いて大関に再挑戦したが、今度は内掛け名人の新海《しんかい》との一戦で右ひざを痛め、以後は体力が急激に衰えて同14（1939）年夏場所を最後に土俵から退いた。

最後の場所は双葉山人気で15日制になった最初の場所だったが、下り坂の高登の地位は前頭17枚目、ここで3勝12敗と大きく負け越し、次の場所の十両陥落が決定的になったことで引退に踏み切った。勝負の世界に「たら」「れば」は禁句だが、幕内20場所で関脇4場所、小結4場所の実績は立派だ。

高登とともに〝五大力士〟と言われた清水川

相撲放送で独特の語り口

上り坂の現役時代、食欲旺盛のエピソードは語り草で、ある巡業中の旅館で4、5人用のおひつを一人で2度もお代わり、結局三つ全部平らげた。そして漏らした言葉が「あまり食べ過ぎるときまり悪いから、これくらいにしておくか…」だったそうだ。

一時は名門高砂部屋の後継者になるのでは、と注目されたが、番付降下もあって高砂襲名は大関になっていた後輩の前田山に譲り、高砂部屋から独立。大山部屋を興して大関松登（後の大山親方）を育てた。昭和30年代にはNHK相撲放送の解説者として、その独特の口調は人気を呼び、ラジオの素人演芸会などの声帯模写番組でよく取り上げられていた。また筆も立ちスポーツ新聞、週刊誌などに相撲評論の執筆もしていた。同37（1962）年初場所中の1月19日に急逝。まだ53歳の若さだった。

相撲解説で人気を呼んだ大山親方

終戦直後の土俵盛り上げる

信州山由金《しんしゅうざんよしかね》

諏訪市岡村出身　高砂部屋

戦禍に焼け残った両国国技館。終戦直後の昭和20（1945）年11月に開催された本場所で、諏訪市岡村出身の信州山（本名・河西由金）は新入幕を果たす。地味ながら戦後の混乱期の土俵を盛り上げた。

応急修理の国技館で

今から70年余前の11月、被災破損した旧両国国技館で行われた大相撲秋場所は晴天10日間の興行だった。新番付はザラ紙に印刷された粗末なもので、発表は11月5日。初日は11月16日。穴の開いた屋根は応急の修理が施されたが、雨漏りは妨げなかった。降雨で1日だけ順延されている。

当然、両国は一望千里の焼け野原だった。その中で国技館が廃墟のように立っていたが、

信州山由金

自慢の円屋根（ドーム）は弾痕が生々しかった。当時の新聞には「食糧飢饉《ききん》―これが敗戦の世相であり受難である。死の行進とは地獄を目指す意味であろう。建設のプログラムよりも、食べて生きることを考えねばならぬ時であった。そして新聞はすでに厳しい進駐軍の監督下に置かれていた。大相撲だけが生きて続くものであった…」と書いてあった。そんな場所に信州山は幕内に上がったのである。信州山と同時に新入幕を果たしたのは後に横綱になった千代ノ山（その後、千代の山に改名）である。

終戦から3カ月。戦後最初の本場所は関係者の並々ならぬ努力によって行われたが、番付に名をとどめていた双葉山は初日から出場せず、千秋楽前日に引退を表明した。優勝は横綱羽黒山で10戦全勝。ホープ千代ノ山も破竹の勢いで無傷の10戦全勝だったが、そのころは優勝決定戦の制度がなく、番付上位力士が自動的

3月10日の大空襲で被災した旧両国国技館

戦後第１回目の本場所（昭和 20 年秋場所）の番付。「信濃　信州山由金」のしこ名が見える

に優勝ということで羽黒山が賜杯を抱いている。

3連覇の羽黒山に善戦

さて、千代ノ山と同時入幕の高砂部屋・信州山は足腰のしっかりした、バランスの取れた体で右四つからの寄り、投げがあり、上突っ張りも得意だった。堅実な取り口だったが、その半面思い切りの良さもあった。幕下全勝優勝で十両に昇進。十両を4場所で通過しての入幕だったが、入幕直前の20年夏場所には後にプロレスの王者となった力道山に勝っている。力道山とはその後、幕内で2度対戦して2敗だが、新入幕の場所は東前頭13枚目で成績は5勝5敗の五分。そして幕内2場所目には8勝5敗の好成績を残した。

幕内3場所目には自己最高位の前頭4枚目に上がり、その場所の2日目に羽黒山に挑戦している。きわどい勝負で羽黒山の勝ちとなったものの、その善戦は大いに話題になった。勝負の後、支度部屋で羽黒山は「わしに分がなかったな」と、ふともらしたそうだ。羽黒山は3場所連続優勝の場所だけに、結果が逆になっていたら優勝の行方は混沌《こんとん》としたものになっていただろう。当時、本場所が1年に1度か2度の時代に幕内在位6場所。戦後の

後にプロレスの王者となった力道山。信州山は入幕直前に対戦して勝っている

混乱期でなければまだ現役を続行していたに違いない。その点では不運だった。引退後は相撲界には残らずに東京・大森で料理店を経営していた。昭和51（1976）年8月7日、57歳で他界。

大相撲一口メモ・4　禁じ手

取組において、８つの禁じ手があり、使うと反則負けになります。

1　握りこぶしで殴る
2　相手の髪の毛を故意につかむ
3　目、またはみぞおちなどの急所を突く
4　両方の耳を両手で同時に張り手する
5　前袋（陰部を覆っている箇所）をつかむ
6　喉をつかむ
7　胸やおなかを蹴る
8　１本、２本の指をつかんで折り曲げる

場所中に度々見られるのが「頭髪（マゲ）をつかんで」の反則負けです。動きの中で偶発的にマゲに手がかかるときもありますが、誰も〝故意〟につかむ力士はいません。〝故意〟という２文字は必要ないかもしれません。

コラム4

弓取式

織田信長の時代、上覧相撲から始まったとされています。そして江戸時代の勧進相撲からは千秋楽に行われていました。昭和27年１月の春場所から結びの一番の後に15日間毎日行われるようになりました。

幕内の大岩山、大田山が人気を呼び、その後は最後の勝負まで支度部屋に待機するということもあって、原則的に現役横綱のいる部屋の幕下以下の力士が弓取式を行っています。弓を振っている最中に落としたりした場合は、土俵下なら呼出しが拾って投げ返す、土俵上なら足で掬《すく》って再開します。結びの一番、勝ち力士の土俵から上がるのが普通ですが、引き分けの時は向正面の行司土俵から上がることになっています。

素質は三役　惜しまれるひざのけが

大昇充宏

おおのぼりみつひろ

北佐久郡軽井沢町出身
春日山部屋

昭和26（1951）年の夏場所、北佐久郡軽井沢町出身の大昇（本名・石田勇）は入幕2場所目で12勝3敗の大活躍、敢闘賞に輝いた。将来性豊かで三役以上を大いに期待されたが、ひざの故障で昇進は成らなかった。

正攻法の寄り、外掛けに威力

先に登場した太郎山もそうだったが、今回の大昇も美男関取として人気があった。全盛時は185センチ、116キロ。当時としては体力的に恵まれていた力士の一人だ。昭和24（1949）年春場所（当時は1月）、23歳で新十両。同年夏場所、十両2場所目に11勝4敗で優勝している。十両を4場所で通過し同26（1951）年の春場所で入幕。同時入幕は後に横綱になった胸毛の朝潮（高砂部屋）と同郷・長野県佐久市出身の若嵐《わかあらし》（若松部屋）の3人だった。

新入幕の場所の大昇は8勝7敗と勝ち越した。千秋楽には大昇対若嵐の同郷対戦が組まれ、大昇が勝っている。さらに幕内2場所目には前頭14枚目で12勝3敗の大活躍。見事に敢闘賞を受賞した。ちなみにこの場所の優勝は大関千代ノ山で場所後、41代目横綱に昇進

大昇充宏

引退断髪式。横綱栃錦にはさみを入れてもらう

している。殊勲賞は前頭2枚目若葉山、技能賞は小結栃錦だった。

足腰が良く、左四つに組みとめての正攻法の寄り、長身を利しての外掛けは威力があった。将来性豊かで三役以上を期待されたが、これからが伸び盛りというときにけいこで右ひざを痛めて本場所を全休。結局これが致命傷となって、勢いが止まった。それから幕内中堅から上位を一進一退。とうとう一度も三役に上がることができずに、同32（1957）年初場所を最後に力士人生の幕を閉じた。素質が素晴らしかっただけに惜しまれるひざのけがだった。

無念の小結昇進見送り

そんな大昇のハイライト場所は同30（1955）年の初場所。初日に新横綱の栃錦に小手投げの快勝。その後も白星を重ね、西前頭5枚目の地位で10勝5敗。栃錦を倒しての金星もあり、2度目の三賞獲得も夢ではなかったが、三賞は、殊勲賞が優勝した千代の山を下した前頭筆頭の朝潮。敢闘賞は前頭9枚目12勝3敗と大勝ち、優勝決定戦で千代の山に敗れた時津山。技能賞は小結で8勝7敗の信夫山だった。

春日山親方時代

大昇は信夫山に勝っての10勝だけに、三賞選考の選に漏れたことは無念極まりなかっただろう。それでも翌場所に小結に抜てきされていれば無念さも晴れたが、三役陥落が一人という不運もあって西前頭筆頭（自己最高位）に留められた。直前の場所に前頭5枚目で8勝7敗の宮錦が次の場所に小結

大相撲一口メモ・5　ごっつあん

ありがとう、という意味で使われています。いただき物をもらったり、親切にしてもらったときに言うのはもちろんですが、なにかものを借りるときにも「電話ごっつあんです」というように使います。

に抜てきされていた。昔から「番付に運、不運はつきもの」と言われているが、まさにその通りだった。

協会理事として尽力

引退後、年寄名跡の取得に苦労して、いわゆる〝借り株〟を繰り返した。押尾川に始まって武隈―北陣―関ノ戸―千賀ノ浦―浦風とつないで師匠春日山親方（元大関名寄岩《なよろいわ》）没後に年寄春日山を襲名。同時に春日山部屋を引き継いだ。頭脳明晰《めいせき》で相撲協会理事として協会運営に携わっていたが、平成2年名古屋場所後に定年退職。その最後の場所に愛弟子の春日富士が敢闘賞受賞で花を添えた。大正14（1925）年8月1日生まれ。平成21年3月1日、83歳で亡くなった。

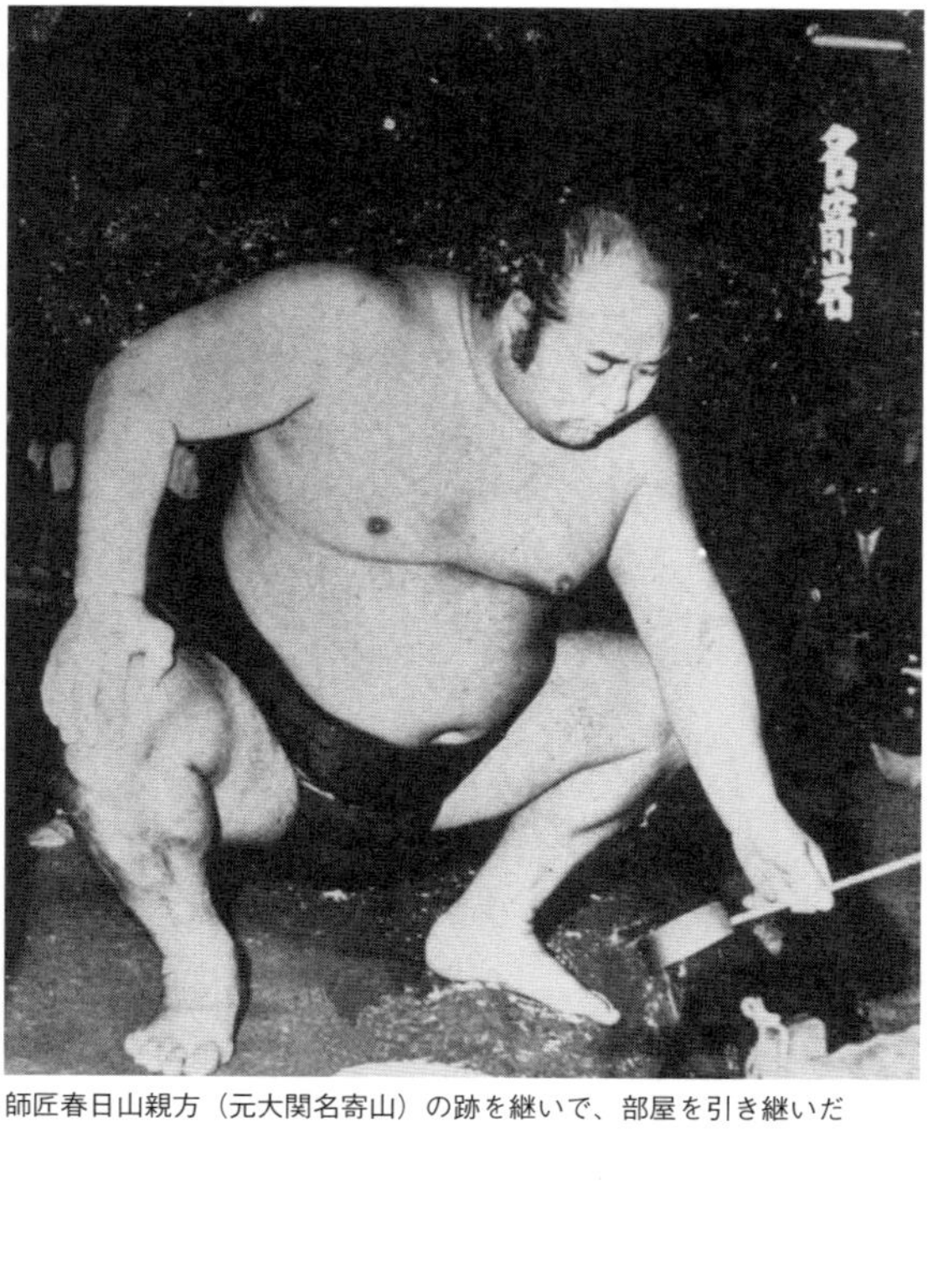

師匠春日山親方（元大関名寄山）の跡を継いで、部屋を引き継いだ

コラム 5

大相撲の殿堂・国技館

明治 42 年夏場所に旧両国国技館で最初の本場所が開催されました。本所・回向院。江戸時代の相撲興行発祥の地にドーム屋根を持つ円形建物の完成です。それまでの晴天興行が天候に左右されないで行われるようになりました。現在のような優勝制度の制定など大相撲の近代化はそこから始まったともいえます。江戸時代には「10 日間興行」が雨続きなどの天候不順で延々 1 カ月に渡ったこともありました。

画期的な相撲興行常設館。新築に際して最初は「常設館」と平凡な命名でした。名称候補として「尚武館」「武道館」などの案もありましたが、好角家の文人某氏が起草した開館披露のあいさつ分に「角力《すもう》は日本の国技にして…」があり、協会親方の強い提案で「国技館」に決まりました。関東大震災で全焼したりしましたが、その都度再建されました。

双葉山時代の両国国技館は連日「満員御礼」でした。戦時中は日本軍の工場、戦後は米軍に接収されたりなどしました。戦後、栃若時代、柏鵬時代は蔵前国技館の土俵でしたが、昭和 60 年初場所からＪＲ両国駅前の新国技館に熱戦の舞台は移されました。

貴乃花、若乃花が空前のブームを呼び、その後メール八百長事件など相次ぐスキャンダルに〝国技〟の屋台骨は大きく揺れ動きましたが、角界挙げての努力で、国技館は再び活況を呈しています。

大昇と同時昇進の〝快挙〟

佐久市長土呂出身　若松部屋

若嵐武

わかあらしたけし

長野県出身の幕内力士は昭和以降では、平成の御嶽海を含めて6人しか出ていない。明治、大正時代にそれぞれ2人ずつ。古く江戸時代にさかのぼれば古今無双の雷電を含めて5人。大相撲の長い歴史の中で本県勢の幕内はわずかの15人だけである。今回登場の若嵐（本名・東城武）は幕内生活1場所だけだったが、数少ない〝信濃の関取〟として戦後の土俵に青春をぶつけた一人である。その後、若松部屋付きの親方になってから後進の指導に当たり、故郷の佐久から後の幕内・大鷲をスカウトした。

戦後の土俵で頭角現す

若風は昭和15（1940）年夏場所初土俵。ちょうど双葉山時代とあって入門者は多く、初土俵が一緒の同期生にはプロレスの王者・力道山や関脇時津山、出羽錦、信夫山、小結清水川、国登らがいた。若くして廃業した力道山をはじめ、それぞれ横綱、大関を苦しめ、三賞の常連として大いに土俵を沸かせた脇役たちだ。

力士デビューは「若嵐」。幕下に上がって「信濃山」を名乗ったが、1場所だけで再び「若嵐」に戻した。戦後の同24（1949）年夏場所には幕下6枚目で後の大関琴ヶ浜に勝つな

若嵐武

どして13勝2敗。見事に幕下優勝を飾っている。翌秋場所に25歳で十両に上がった。新十両場所は9勝6敗だったが、初日に琴ヶ浜と対戦して勝っている。入幕は同26（1951）年1月春場所（当時は1年2場所）。26歳だった。

長野県は前述したように幕内力士が少ない。だが、この26年春場所には同じ長野県出身の大昇（軽井沢町）が幕内に上がった。若嵐、大昇が同時昇進。長野県の相撲史上かつてない〝快挙〟だった。180センチ、96キロ。右四つ、左上手を取ってのつり、投げが得意で足腰も良かった。

初土俵が一緒の同期、関脇時津山は昭和28年夏場所に優勝している

しかし、まわしを取って四つに組むと強かったが、強度の近視のために離れて取られると分が悪かった。新入幕の場所は同門横綱東富士《あずまふじ》の土俵入りで太刀持ちを務めるなどしたが、10日目小坂川、11日目吉井山に勝っただけで2勝13敗と大敗。千秋楽には同郷大昇と対戦して敗れ、せっかくの幕内も1場所で十両に逆戻りしてしまった。蛇足だが若嵐、大昇と同じ新入幕に大器と注目されていた胸毛の朝潮（入幕当時は本名の米川）がいた。

大鷲をスカウト

十両陥落後に再起を期して「千曲錦」と改名したが、再入幕はならず同30（1955）年1月の初場所に30歳で引退。年寄・湊《みなと》から5代目西岩《にしいわ》に名跡変更。師匠若松親方（元幕内鯱ノ里《しゃちのさと》）を補佐して若い力士を指導、同時に新弟子勧誘も熱心に行った。その西岩親方にスカウトされたのが次項で紹介する大鷲である。大相撲の人気絶頂期である「栃若時代」「柏鵬時代」に相撲の親方として過ごしたが、幕内1場所では年寄名跡を取得できず〝借り株〟だったこともあり、同42（1967）年名古屋場所限りで相撲界を去った。その後、大阪に住まいを移してサラリーマンとして再出発をした。長男が同56（1981）年夏場所に二子山部屋（親方は元横綱初代若乃花）に入門。若斗光《わかとうこう》を名乗り、父子二代の幕内を目指したが力及ばず、大成せずに最高位序二段66枚目で終わった。

昭和以降の長野県出身幕内力士

しこ名	部屋	出身地	幕内昇進	最高位	引退
高登	高砂	喬木村	昭和 6（1931）年夏	関脇	14（1939）年夏
信州山	高砂	諏訪市	昭和 20（1945）年秋	前頭 4	23（1948）年秋
大昇	春日山	軽井沢町	昭和 26（1951）年春	前頭 1	32（1957）年初
若嵐	若松	佐久市	昭和 26（1951）年春	前頭 18	30（1955）年初
大鷲	若松	佐久市	昭和 47（1972）年九州	前頭 3	53（1978）年初
御嶽海	出羽海	上松町	平成 27（2015）年九州		

コラム 6

天覧相撲

いわゆる「天覧相撲」、宮廷儀式の「相撲節《すまいのせち》」は古い時代からありました。

昭和 20 年までは海軍、陸軍将校クラブなどで特別に行われましたが、現在のように国民とともに本場所の勝負をご観戦するようになったのは昭和天皇が蔵前国技館を訪れた昭和 30 年夏場所 10 日目が初めてです。

「ひさしくも　みざりしすまひ　ひとひとと　手をたたきつつ見るがたのしさ」（久しくも見ざりし相撲人々と手をたたきつつ見るが楽しさ）　昭和天皇が詠まれた御製記念碑は両国国技館内正面入り口横の植え込みに建立されています。大の相撲好きだった昭和天皇は毎年のように大相撲観戦をお楽しみになり、両国国技館こけら落としの昭和 60 年初場所初日にも足を運ばれていました。昭和 60 年、61 年にはそれぞれ 1 月初場所、5 月夏場所、9 月秋場所と年三場所も国技館観戦を楽しまれました。

ちなみに幕内優勝力士に手渡される「天皇賜杯」は大正 14 年 4 月、昭和天皇の誕生日を祝賀する「台覧相撲」が行われた際の下賜金をもとに作製されたものです。賜杯は純銀製で、高さは 108 センチ、重さ 30 キロ。持ち回り制です。

佐久市出身　若松部屋

おおらかな相撲で人気

大鷲平

おおわしひとし

長野県からは大昇以来久しぶりの幕内力士になったのが佐久市出身の大鷲（本名・伊藤平、昭和21年1月12日生まれ）である。昭和37（1962）年秋場所初土俵。同43年秋場所新十両、同47年九州場所に幕内昇進。輪島、北の湖のいわゆる「輪湖《りんこ》時代」に個性派として活躍した。

長身の個性派

若松部屋所属、師匠は〝褐色の弾丸〟と言われた元関脇房錦だった。まわしを取らずに突進する師匠の取り口とは全く正反対の四つ相撲。１９０センチ余りの長身を利してのつりを得意とした。左四つ。とにかく、まわしに手がかからなければ勝負にならなかったが、肩越しでもかまわず右の上手まわしを取ると強かった。強引な上手投げは強烈。相手の出方を読んで取り口を変えるようなことはしない。作戦に頼るような相撲は取らなかった。「わが道を行く」大鷲のおおらかな相撲ぶりは派手さこそなかったが、脇役として渋い人気があった。

大鷲

後の大横綱に2連勝

新入幕の昭和47年九州場所は横綱琴桜が優勝している。殊勲賞高見山、敢闘賞福の花、技能賞増位山の場所だった。新入幕大鷲は若い北の湖を倒すなどして9勝6敗。新入幕だけに、一つ白星を上乗せして10勝の大台に乗せていたら敢闘賞受賞もあった。幕内在位は通算で18場所、114勝。北の湖には幕内2場所目にも勝っている。その後に一度対戦があり敗れているが、後の大横綱に2連勝は堂々と胸を張っていい〝勲章〟だろう。

語り草の魁傑戦白星

そんな大鷲が支度部屋で大勢の報道陣に囲まれたことがある。優勝争いの渦中にいる小結魁傑に快勝したときだ。同49（1974）年九州場所の14日目だった。「大鷲　小手投げ　魁傑」の一番を再現しよう。

大鷲は立ち合いに右から張って出た。普段は気の優しさから、相手の顔を張ることなどなかったが、珍しく闘志を前面に出しての立ち合いだった。それでも左を差した魁傑はかまわず前に出た。速攻で勝負を決めようとしたのだ。だが、その一瞬後に土俵に横転していたのは初優勝目前の魁傑だった。魁傑が前に出ようとしたその瞬間をとらえて大鷲

昭和49年九州場所で魁傑を小手投げで破った大鷲

は思い切った小手投げ。絶妙なタイミングも合って魁傑はこらえることができなかった。快勝の大鷲は「うまく決まったね。魁傑は大学（日大中退）で柔道をやっていたが、柔道の選手は一瞬足がそろうときがある。そこが狙い目とすぐに投げを打った。それにしてもオレに負けるぐらいだから、向こうは相当に硬くなっていたのだろう」と〝してやったり〟の表情で高笑いだった。

魁傑は3敗目。14日目を終わって北の湖が2敗で単独トップ。魁傑の初優勝は絶望とも思われたが、千秋楽に思わぬどんでん返しが待っていた。北の湖は輪島に敗れて3敗。同じ花籠部屋の輪島の援護を受けた魁傑も3敗を守り、決定戦で北の湖を下して天皇賜杯を抱いた。大鷲は魁傑に勝って

9勝目。勝負の世界に「たら」「れば」はないが、千秋楽の白田山戦に勝っていたら10勝5敗で三賞の声が出たかもしれない。翌50(1975)年の初場所、自己最高位の前頭3枚目に上がった。

三役クラスの味とボリューム

早くからホープと期待されていたが、関取直前で伸び悩み、生来ののんびりした性格もあって幕下生活は40場所と長かった。大相撲力士には珍しくまったくの下戸。現役時代はコーヒー党として知られていた。引退は53(1978)年初場所。32歳で現役を退いた。年寄中村から山響を名乗り、後進の指導に当ったが、2年ほどして相撲協会を退職。かねてからの計画通りに故郷に帰ってちゃんこ料理の店を開いた。

20数年ほど前、親しい付き合いの若松親方長男と一緒に佐久市に一泊旅行をした。先にも触れたが、元房錦の若松親方

ちゃんこ大鷲を営む元大鷲の伊藤平さん

は大鷲の現役時代の師匠である。東京からコスモス街道を走って佐久市へのドライブ旅行は「ちゃんこ大鷲」訪問だけが目的だった。

以前から、国技館で顔を合わすたびに「一度、店に遊びに来てよ」と誘いを受けていた。大鷲はお客さん接待などで時々は〝古巣〟の国技館に足を運んでいたので記者席で取材中の筆者とはよく出会った。そんなこともあって、房錦ジュニアと日程が折り合っての佐久行きだった。

うわさ話には聞いていたが、実際に目の前に「ちゃんこ大鷲」見て、店構えの立派なのに驚いた。そしておいしい料理とお酒。会話が弾んだ。しこたま飲んだ。後はホテルでバタンキューだった。楽しい一夜だった。相撲記者という仕事柄、力士ＯＢのちゃんこ店は数多く知っているが、間違いなく「ちゃんこ大鷲」は店の大きさもそうだが、味とボリュームも三役クラスだった。経営者として成功している。長男の透は元大関朝潮が継いだ若松部屋（後に高砂部屋になる）に入門。親子二代の関取を目指したが、その後プロレスラーに転向している。

大相撲一口メモ・6　初《しょ》っ切《き》り

花相撲や巡業などで余興として、相撲の技や禁じ手などがおもしろおかしく演じられる取組のことです。普通、幕下以下の力士が演じています。かつては横綱栃錦も幕下時代に巡業で初っ切りをやっていました。

学生相撲で輝いた逸材

長野市大門町出身　武隈部屋

春雷貴右《しゅんらいたかすけ》

学生相撲の輝かしい実績を手土産に大相撲入りした長野市大門町出身の藤原は、しこ名を春雷と改め前途が大いに期待された。だが戦時下という不運。軍隊に取られ、終戦で復員したものの、再び大相撲の土俵に上がることはなかった。

明大相撲部で活躍

第二次世界大戦が終わってから既に70年以上が経過した。忌まわしい大戦がもしなかったら〝天下のお関取〟として活躍したであろう力士が明治大学相撲部出身の春雷（本名は藤原貴右）である。県立長野商業高校から明大（専門部商科）に入学。強豪相撲部のレギュラー選手として活躍した後に大相撲入りした逸材で、軍隊に取られなければおそらく出世街道を突き進んだ一人だったろう。

「明大に藤原あり！」とうたわれた。昭和13（1938）年4月の靖国神社例大祭奉納学生相撲選手権大会では、個人戦3位に入賞。同年5月の第19回関東学生大会（現在の東日本学生選手権大会）では団体戦に副将で出場、準優勝の原動力になっている。さらに10月の第7回関東選抜対抗大会団体優勝。11月に入って最初の週の国民体育大会・関東学生個人選手権では、決勝で明大同期の坪矢義恵選手にすくい投げで敗れて惜しくも準優勝に終わったが、同じ月に開催されたビッグイベント・学生横綱を決める

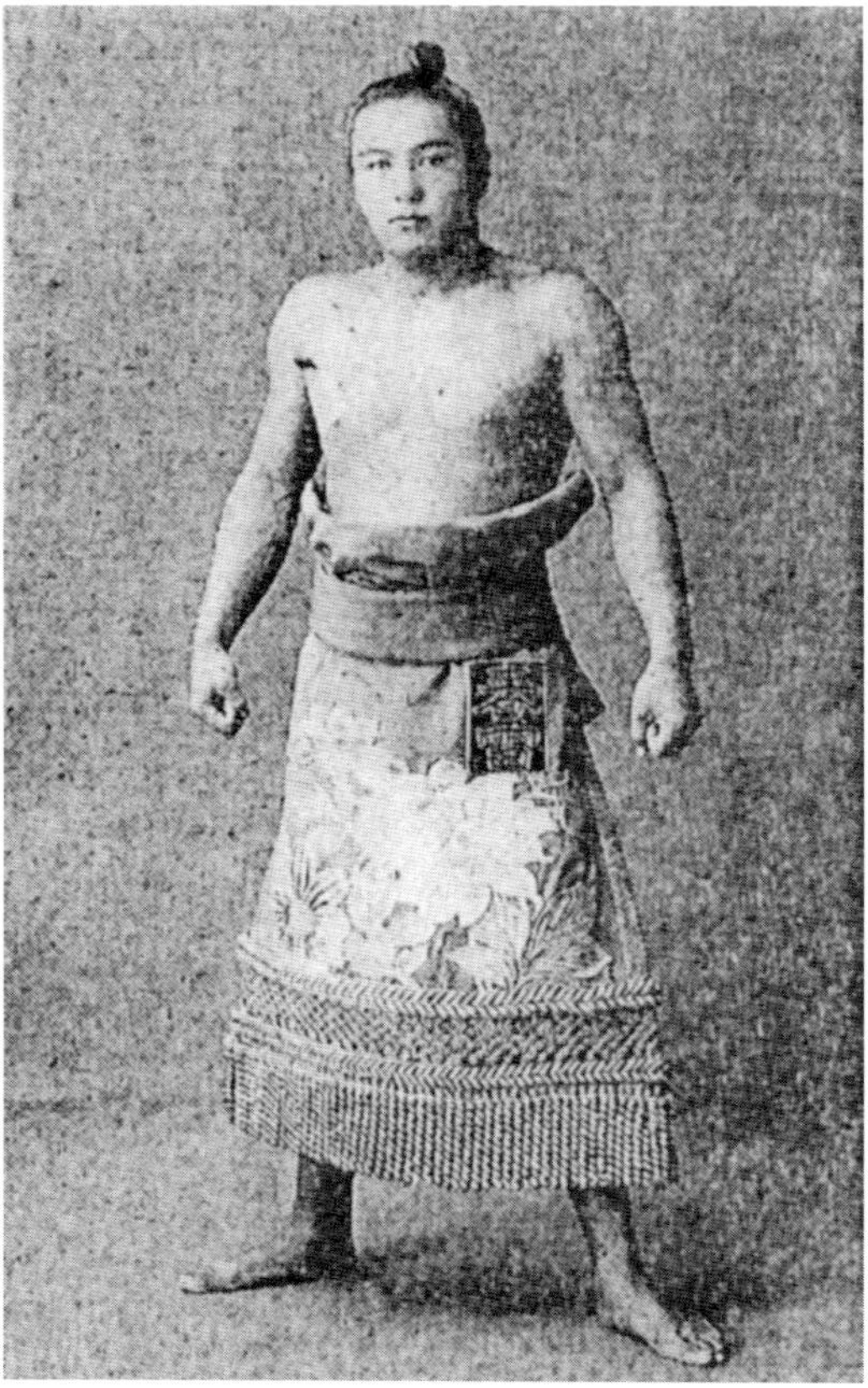

春雷貴右

第20回全国学生選手権大会（大阪・堺市大浜相撲場）では堂々の3位入賞を果たした。その年の学生横綱のタイトルは、準決勝で藤原に勝った田内貢三郎（慶大）が獲得している。

そして最上級生の同14（1939）年5月、第20回関東学生大会は前年に続いて団体決勝で拓大に敗れたものの、個人では3位になった。当時の学生相撲界は拓大の黄金時代。明大で藤原と同期の滝沢寿雄（後の明大教授、相撲部監督）は「わたしらの学生のころは大相撲では打倒双葉山が合言葉でしたが、わたしらは〝打倒拓大〟を目標にしていました」と後に語っている。その拓大選手相手に、藤原は第20回大会の団体決勝戦でも一矢を報いている。以上が明大時代の戦歴で、藤原は大きなタイトルこそ一度も取れなかったが、コンスタントな成績では文句なしにトップクラスだった。

戦時下で出世街道成らず

藤原は第20回関東学生大会個人戦3位の実績を手土産に、元関脇両国《りょうごく》の武隈部屋に入門。14年夏場所に初土俵を踏んだ。今は大学相撲経験者が5、6人同時にプロ入りするのもざらだが、戦前には珍しく藤原と一緒に明大相撲部同期の盛島修（武隈部屋、しこ名は奄美島）と早大柔道部の山口利雄（出羽海部屋、しこ名は同じ）の3人がそろって幕下付け出しで初土俵。大いに話題を呼んだ。

藤原在籍時の明大相撲部。双葉山らと運動各部の師範を囲んで

後にプロレスラーとして力道山と対戦したこともある山口はスタート2連敗で休場、その後は一度も土俵に上がらず、盛島は1勝6敗の惨敗だった。一人藤原だけが健闘して4勝3敗と勝ち越した。翌場所「藤原改め春雷」となった。だが、戦時下という時代が不運だった。軍隊に取られ同17（1942）年に入隊。終戦で復員したものの、再び大相撲の土俵に上がることはなかった。本場所出場はわずか5場所。戦争がなければ、と惜しまれた力士だった。

華麗な転身

ところで戦後の藤原は花火師として大活躍している。長野県は日本一の花火生産県として知られるが、家業の信州煙火工業を引き継いだ藤原は、新技術の開発などに力を注ぎ、大阪・富田林市のＰＬ教団による大花火大会をはじめ全国に進出し、花火打ち上げ高ナンバーワンの業績を挙げた。

信州煙火工業の生産する花火について「雄大華麗、豪華な演出は他の追従を許さぬ独壇場」との記述が信濃毎日新聞社発行の『長野の花火は日本一』（武藤輝彦著）に見られる。

藤原は昭和37年から同47年まで長野県花火組合の組合長を務めたほか、同37年発足した社団法人日本煙火協会の常任理事、後に副会長として花火界の発展に尽力した。学生相撲界で輝いた男は、夜空を彩る花火の世界へと華麗な転身を遂げ、同50年4月に56歳で死去した。

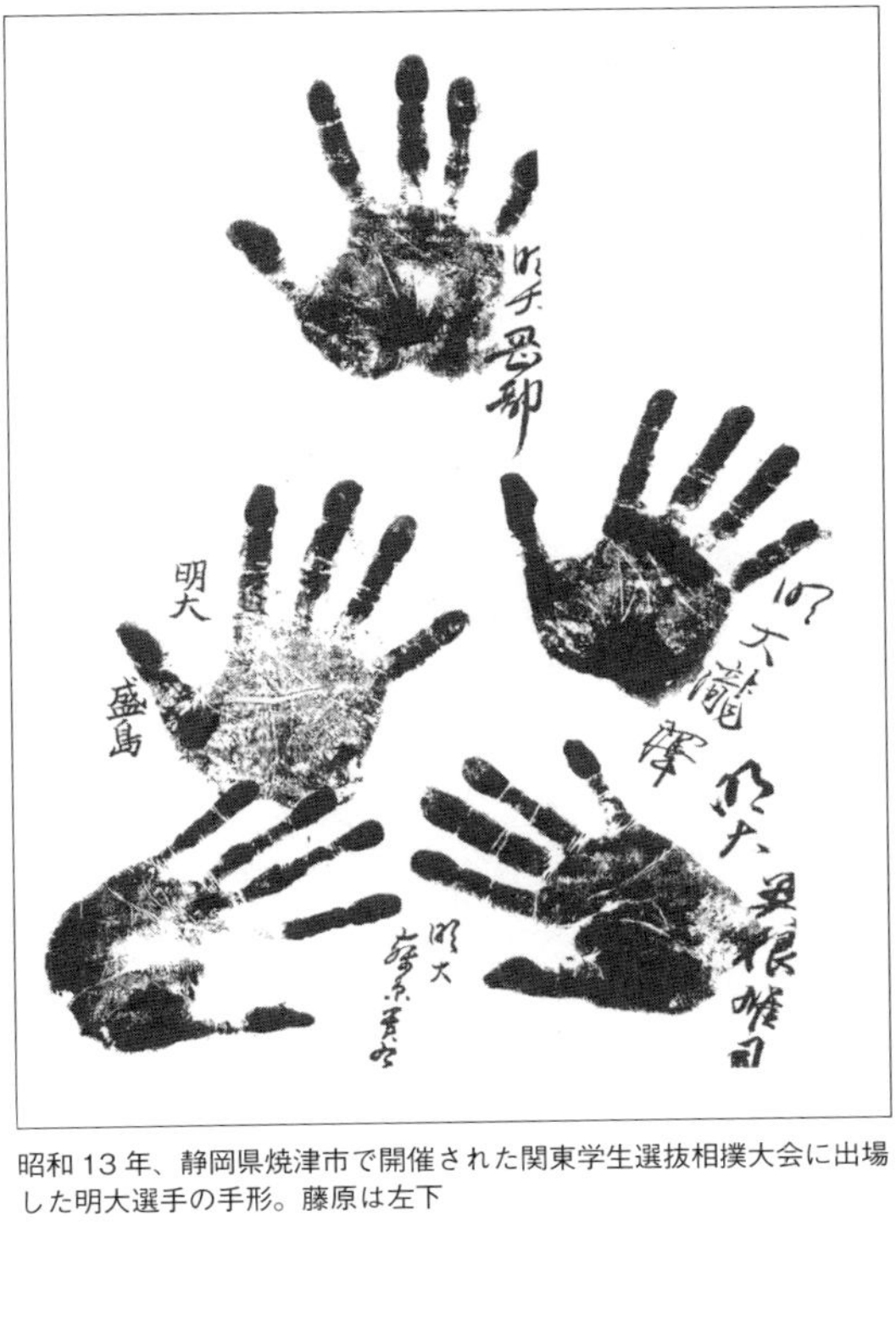

昭和13年、静岡県焼津市で開催された関東学生選抜相撲大会に出場した明大選手の手形。藤原は左下

最強力士・雷電の師匠

年寄 初代 浦風林右衛門《うらかぜりんえもん》

出身地不明

屈指の強豪・大関雷電為右衛門をスカウトした人物として知られているが初代浦風林右衛門。出身地、生年、本名、師弟関係は不明で、最高位は三段目だったという。その初代についてはさまざまな説がある。一介の下位力士がどうして年寄になれたのか。当時は現役時代の番付に関係なく、江戸相撲の年寄には人物、興行的手腕などが買われることが多く、必ずしも関取でなくてもよかったようだ。

ここでは細かいせんさくは相撲史研究家にまかせて筆を進めていく。浦風本人の経歴はともかく、大相撲史上にさん然と輝くのはスーパーマン力士・雷電の師匠だったということだ。以来、浦風と信州のつながりは連綿として続き、明治中期ごろまでは「浦風」を抜きにして「信州の相撲」は語れなかった。

丸子に〝隠し道場〟

約３００年前、信州丸子の在（現上田市長瀬地区）にあった石尊大権現の境内の一角には早くから土俵が築かれ「石尊之辻」といわれた。同地の庄屋・上原源五右衛門は近在の師弟たちを集めて、体位向上、精神錬磨の場としてここで相撲道場を開いていたが、江戸相撲の年寄だった初代浦風が信州を訪れた際にこの「石尊之辻」を見物。そこで地元の実力者であった上原源五右衛門と義兄弟の契りを結んだ。雷電誕生のきっかけはそこから始まる。この「石尊之辻」のけいこ場が江戸相撲・浦風部屋の〝隠し道場〟となったからだ。そこで頭角を現した若者は江戸に送り出された。そして「浦風部屋」所属力士として本場所の土俵に上がった。

東京都江東区の玉泉院に残る浦風代々の立派な墓

相撲道場は明治28年まで同地に存続していた。それを記念した「石尊之辻」の石碑が残り、信州の相撲の歴史を今に伝えている。ちなみに「石尊之辻」の名の由来となった石尊大権現（総本社は神奈川県伊勢原市にある大山阿夫利神社）は「雨の神」といわれ、相撲道においては「力水」と解釈されている。

「浦風」と「信州」の縁

雷電をはじめ多くの門下生を育てた初代浦風は、興行的な手腕も発揮。本場所や花相撲などで勧進元（興行主）を務めた。上覧相撲の際の年寄連名番付では30人中6人目に記されている。

ところで浦風は「浦を吹く風、海辺を吹く風、浜風」を意味していて、その響きからも浦風を名乗った力士は古くから多かった。そして力士名がそのまま年寄名となっていった。そこで歴代の浦風を簡単に紹介しよう。3代目浦風親方は雷電の弟子で、出身は熊本県。多彩な弟子を育て、また本場所開催の勧進元も数多く務めて勢力を伸ばし、会所筆頭《かいしょふでかしら》（現在の相撲協会理事長）まで上り詰めた。だが、後継者問題で「浦風部屋」

大相撲一口メモ・7　徳俵

土俵上、東西南北の中央に埋めてある俵のことで、円周の俵より1俵ずらしてあります。他の俵の所なら踏み切って負けになるはずが、ここだけはずらしてあるから足が土俵内に残るので、徳俵の名が生まれました。昔、土俵は屋外にあり、雨降りの際に土俵にたまった水のはけ口のために1俵ずつずらしたのが始まりです。

上田市長瀬地区にある「石尊之辻」跡の石碑

は分裂状態に。3代目はその後、現在の大町市で大きな地震に遭い他界。地元の禅誓寺に葬られている。余談だが、九州は熊本出身の3代目浦風が信州で永遠の眠りについているのも何かの縁か。やはり、「浦風」と「信州」は切っても切れない関係にあるようだ。

さて、一時消滅した「浦風部屋」は、昭和初期に活躍した上田市出身の幕内・太郎山によって再興された。昔日の栄華を取り戻そうと必死の努力も、弟子運に恵まれずに関取は育たず、昭和37（1962）年夏場所限りで部屋を閉じている。現在は陸奥部屋の元幕内・敷島（千葉県出身）が「浦風」を名乗っている。

人気博した一人土俵入り

長野市出身

怪童力士 神通力国吉《じんつうりきくにきち》

江戸から明治時代にかけて目を見張る「巨人力士」や、とりわけ体の大きな少年の「怪童力士」が化粧まわしを締め〝一人土俵入り〟をして人気を博した。数人を除いてほとんどは相撲を取らず、客寄せのための〝見せ物〟だったが、番付欄外に「土俵入掛御目申候」とか「土俵入仕候」などと書かれて張り出された。一種の看板だった。長野市出身の神通力もその一人だが、当時の人々を楽しませたことは事実で、それが証拠に歌舞伎役者の舞台姿などを描く人気絵師たちもこぞって「怪童力士」たちを題材にしていた。

怪童ぶりは錦絵にも

江戸時代の風俗を描く芸術として盛んになったのが、多色刷り浮世絵版画の錦絵だった。

広辞苑（第五版）には次のように書かれている。「明和２（１７６５）年に鈴木春信らによって創始された華麗な多色刷り浮世絵版画。以後、浮世絵版画の代表的名称となり、春信はじめ鳥居清長、喜多川歌麿、歌川豊国、葛飾北斎、歌川広重らすぐれた作者と彫師、摺師《すりし》との協力の下に主題と技法の幅を広げ、広く世に迎えられた。江戸絵、吾妻錦絵、東錦絵」

谷風、小野川、雷電などの力士がそろった天明・寛政年間（１７８１～１８０１年）は江戸相撲が隆盛を極めた時期だが、絵師たちは力士の着物姿や化粧まわし姿などを色彩豊かに描いている。以前、40年ほど前に相撲絵の切手が発売されたことがある。錦絵には芸術的な価値もあって、広重の「両国回向院元柳橋」、写楽の「大童山土俵入之図」らの絵柄は評判だった。大力士ばかりでなくほとんどの幕内力士も描かれており、現在で言えば野球やサッカーなどの

神通力国吉

人気選手のブロマイド、カードのようなものだが、相撲見物や江戸の土産として売り出されていた。

たぐいなき…7歳で75キロ

さて、今回登場の神通力国吉は資料によると長野市川中島町原に文政12（１８２９）年に生まれたと記載されている。本名は栗田国吉。行司・木村庄之助の弟子となり、江戸では天保７（１８３６）年11月から同9年2月までの４場所の間、一人土俵入りを披露。7年には京都でも土俵入りを演じている。7歳で75キロ（20貫）、10歳で82・５キロ（22貫）もあったという。その怪童ぶりは人気を呼び、当時の狂言師・立川焉馬は「たぐいなき生まれながらの関取は神通力を得たる童子」とうたっている。その後の動向は定かでないが、万延元

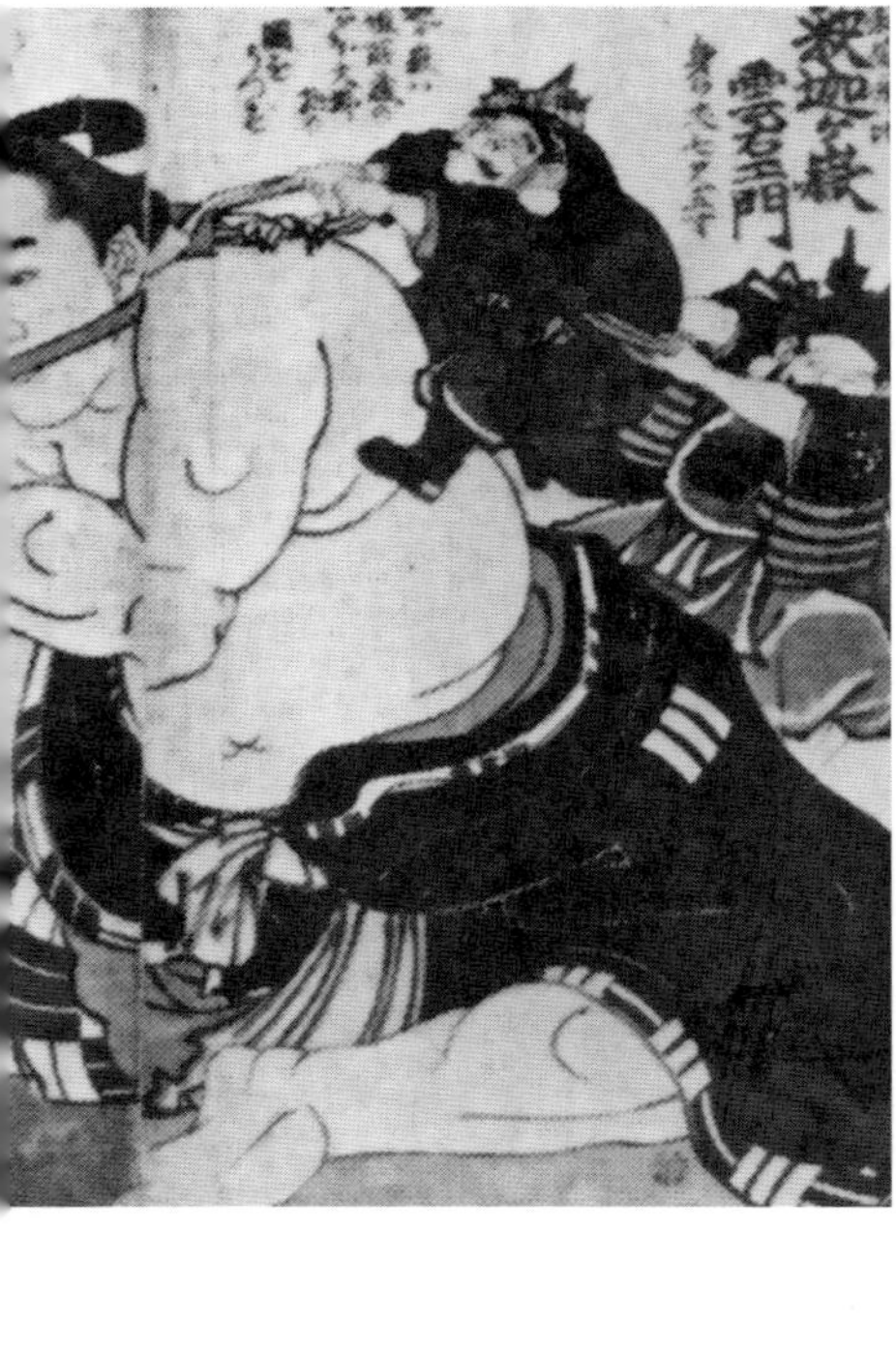

（1860）年12月10日、32歳の若さで亡くなっている。

著名な「怪童力士」には、ほかに前述の6歳で120センチ、71キロの「大童山文五郎（山形県出身）」、9歳で121センチ、67・5キロの「鬼若力之助（千葉県出身）」、14歳で120

怪童力士の大童山文五郎（写楽画）

巨人力士として知られた生月鯨太左衛門

キロの「甲斐龍関太郎（山梨県出身）」らがいる。〝見せ物力士〟が多い中で出色は明治の横綱・二代目梅ヶ谷藤太郎（富山県出身）。14歳で127・5キロの怪童。初めは「梅ノ谷音松」と名乗って土俵入り力士だったが、本番の勝負でも頭角を現して、実力で横綱の地位に上り詰めた。

主な怪童力士（江戸～明治時代）

力士名	出身地	登場時期	身長	体重	年齢
大童山 文五郎	山形県	寛政	120センチ	71キロ	6歳
神通力 国吉	長野県	天保	?	75キロ	7歳
鬼若 力之助	千葉県	嘉永	121センチ	67・5キロ	9歳
柏嶽 浪吉	東京都	安政	?	83キロ	11歳
甲斐龍 関太郎	山梨県	明治	?	120キロ	14歳

主な巨人力士（江戸～明治時代）

力士名	出身地	登場時期	身長	体重	年齢
釈迦ヶ嶽 雲右衛門	島根県	明和～安永	227センチ	180キロ	21歳
大空 武左衛門	熊本県	文政	227センチ	131キロ	31歳
生月 鯨太左衛門	長崎県	天保～嘉永	227センチ	169キロ	17歳
男山 応輔	埼玉県	明治	203センチ	138キロ	22歳

大相撲一口メモ・8　ぶつかりげいこ

受ける側とぶつかる側に分かれ、胸を出して受ける側は防御の稽古をし、相手の胸をめがけてぶつかる側は押しの稽古と、倒れるときの受け身の修練をします。申し合いなどの稽古の仕上げに行います。

コラム7

相撲界が語源の一般用語

相撲界が語源の言葉はかなりありますが、そのうちの二つを紹介しましょう。

「土左衛門」。広辞苑には「享保のころの江戸の力士〝成瀬川土左衛門〟の身体が頗《すこぶ》る肥大であったので、世人が溺死人の膨れ上がった死体を土左衛門のようだと戯れたのに起こるという」と書いてあります。擁するに溺死者の死体。成瀬川は青白く、太ったからだをしていたそうです。深川富岡八幡宮の勧進相撲で前頭筆頭に位置したという記録が残っています。

「八百長」。仕組まれて戦う前から勝負が決まっていることを言います。国会答弁も最初から質問事項がわかっており、それに対しての受け答えなので、ある意味では「八百長」と言えなくもありません。それはともかく、相撲界から出た言葉であることが何とも皮肉です。

明治時代のことです。相撲協会出入りの八百屋の長兵衛さんという商人が、協会幹部の親方に取り入るため、趣味の囲碁で手加減して負け続けていました。たまたま協会事務所の近くにあった碁会所で〝八百長さん〟は本因坊と熱戦を展開。本当は実力者であったことを知った協会幹部の親方は、わざと負けていたのを知って「あの〝八百長〟め！」と怒り心頭だったそうです。それ以来、「出来レース」に対して「八百長」という言葉が世間に広まりました。

〝世紀の番狂わせ〟を裁く

第21代 木村庄之助《きむらしょうのすけ》

長野市塩崎出身　本名竹内重門

双葉山の70連勝成らず！

昭和14（1939）年春場所、大番狂わせに日本中がどよめいた。同じ土俵上で冷静に勝負を見つめ、安芸ノ海《あきのうみ》に軍配を上げたのが長野市出身の第17代式守伊之助《しきもりいのすけ》、後の第21代木村庄之助である。

迷わず軍配は安芸ノ海へ

昭和14（1939）年1月15日。これからも大相撲が後世に語り伝えられるとき、必ず話題にあがる日である。連戦連勝の双葉山が新鋭安芸ノ海に敗れ、69連勝でストップした日だからだ。春場所の4日目だった。当時は1年2場所で1月開催が春場所、5月開催を夏場所と言った。前頭3枚目。上位初挑戦の安芸ノ海の左外掛けに常勝双葉山が大きく崩れ落ち、70連勝は成らなかった。この大相撲最大の番狂わせを裁いた行司は第17代式守伊之助、今回紹介の後の第21代木村庄之助である。出身は旧更級郡塩崎村、現長野市塩崎だ。

放送席のNHKアナウンサーは信じられない光景にわが目を疑い、傍らの同僚に「双葉山負けたね、確かに負けたね」と確認してから、マイクの前で絶叫した。「双葉山敗る！　双葉山敗る！　双葉山敗る！　時、昭和14年1月15日…。齢《よわい》70、古希なりと言いますが、双葉山の70連勝は成らず！　新鋭安芸ノ海に敗れました…」

新聞社は号外を出した。翌日の新聞にはトップ記事で「ああ、遂に双葉山散る」の大見出しが躍った。「観客は勝負をあぜんとして見ていた。安芸ノ海の体の下になっているのが、

装束姿の第21代木村庄之助（右から2人目）。昭和17年、東京小石川の細川邸で土俵入りをする横綱照国とともに

昭和 14 年春場所４日目、双葉山—安芸ノ海の世紀の一戦

あの双葉山であることを確かに見たのである。次の瞬間、両国国技館は巨雷が落ちたように爆発した」。興奮の館内だったが、一人冷静だったのは土俵上の第17代伊之助だった。迷うことなく西の安芸ノ海に軍配を上げた。

〝行司の横綱〟

世紀の一番を裁いた伊之助はその1年後に〝行司の横綱〟でもある第21代木村庄之助になり、戦後の昭和26（1951）年まで土俵に上がり、結びの一番で数多くの名勝負を裁いた。明治22（1889）年4月1日生まれ。わずか9歳で伊勢ノ海部屋に入門。その後井筒部屋を経て時津風部屋に移籍している。庄之助は自伝で「自分の親方は20代の庄之助。わたしが行司へ弟子入りした時分、上には21人も先輩行司がいた。普通やまっ気のある者は（行司を）やめてほかへ行き、何かしようと思っていた。その意味からわたしなどはバカものだ、と言われていた。バカものと言われて一つ世界にじっとしていた。それが結局幸いした」と書いている。力士は短期決戦の勝負だが、行司、呼出しは先が長い。辛抱一番が最後の勝利者になるようだ。

昭和26年夏場所千秋楽の照国―羽黒山戦を最後に行司人生に終止符を打ち、その後は年寄・立田川となって協会の理事、監事の要職を歴任。双葉山の時津風理事長を側面から支えた。昭和36（1961）年1月1日付で定年退職した。同45（1970）年11月25日に81歳の生涯を閉じた。

庄之助が年寄になって補佐した時津風理事長（元横綱双葉山）

大相撲一口メモ・9　家賃が高い

自分の実力以上の地位に上がったため、成績の上がらない状態を言います。自身不相応な高級マンションに入って家賃が払いきれない意味から来ています。

行司を退き錦島親方に

三役格行司 木村今朝三

きむらけさぞう

北安曇郡池田町出身

もしかしたら長野県出身二人目の立行司・木村庄之助になっていたかもしれないのが、今回登場の木村今朝三だ。何も途中で挫折したわけではない。昭和30年代の初めごろは現役を続けながら年寄名跡を継承している力士、あるいは行司がいた。いわゆる「二枚鑑札」というシステムだが、これは師匠の急逝など、何らかの事情があるときに部屋の後継者として年寄名跡を名乗ることが許されていたのだ。三役格行司だった木村今朝三は「二枚鑑札」で年寄・錦島《にしきしま》も名乗っていたが、その後の制度改正で現役と年寄の兼務が廃止された。二者択一を迫られた今朝三は同33（1958）年初場所限り、54歳で行司生活を引退。年寄専務の道を選んだ。

転身なければ庄之助昇進？

「もしかしたら」というのは、同35（1960）年1月に定年制が実施され、年配の先輩行司たちがごそっと抜けたからだ。今朝三が行司生活を断念した当時、番付が下位だった式守《しきもり》鬼《き》一郎《いちろう》は瞬く間にトップに躍り出て、立行司第25代木村庄之助を襲名した。まれに〝抜てき昇進〟もあるが、だいたいは年功序列が常識の行司の世界である。今朝三が「年寄・錦島」にならずに行司の道を進んでいたら間違いなく第25代庄之助になってい

軍配さばきには定評があった木村今朝三

たはずだ。

満5歳で行司弟子入り

仮定の話はそこまで。行司から年寄専務の選択は後述するとして、初土俵からの簡単な略歴を紹介しよう。明治36（1903）年4月10日、北安曇郡池田町に誕生。本名北原《きたはら》袈裟三《けさぞう》。満5歳で元三役格行司・木村銀治郎に弟子入り。木村今朝三で初土俵を踏み、今朝蔵、今朝造、袈裟三、今朝三と改名している。軍配裁きには定評があり、幕内格に上がったのは29歳、三役格は38歳のときだった。昭和31（1956）年5月に所属する錦島部屋の9代目師匠が亡くなって、諸般の事情から52歳で10代目錦島を襲名、行司と兼務した。しかし、前述したようにその後に「二枚鑑札」が廃止されて年寄専務となっている。

錦島親方として協会運営に尽力した今朝三

協会役員として活躍

ところで当時、式守鬼一郎の第25代庄之助も年寄・阿武松《おうのまつ》を襲名していたが、同33（1958）年5月限りで阿武松を返上、行司一筋を選んでいる。第25代庄之助時代はちょうど柏戸、大鵬の「柏鵬時代」真っ盛りだった。その点で惜しまれるが、だからといって今朝三に悔いはないだろう。立行司にこそなれなかったが、年寄として部屋を構え、理事に選出され、日本相撲協会役員として活躍したのだから〝転身〟は大成功だったといえる。

錦島部屋には土俵がなかった。幕内力士の大蛇潟《おろちがた》、緋縅《ひおどし》らは一門の時津風部屋でけいこをしていたが、理事に昇格した同39（1964）年初場所限り「協会運営の仕事に専念する」という理由で部屋は閉じられ、時津風部屋に吸収合併されている。同43（1968）年4月に定年退職。3年後の7月20日に心筋梗塞《こうそく》で死去。享年68歳だった。墓所は両国国技館にほど近い回向院《えこういん》にある。

先輩行司が抜け、第25代木村庄之助に昇進した幸運の式守鬼一郎

余談だが今朝三の後の11代目錦島を名乗ったのは後に時津風理事長になった学生相撲出身の元大関豊山。「錦島三太夫」が代々の通名だったが、豊山の錦島親方は「わたしに〝三太夫〟は似合わない。わたしの本名は内田勝男。〝勝男〟にしてください」と関係者に断って、番付は「錦島勝男」だった。

職人技で結う大銀杏《おおいちょう》

一等床山　床鶴《とこつる》

松本市出身

「お相撲さんには　どこがようて惚れた　けいこ帰りの　乱れ髪」という粋な川柳がある。また「乱れ髪　風情なるかな　勝角力《すもう》」（暁台）という俳句も。

大相撲力士にとって欠かせないのが〝マゲ〟である。行司、呼出しと同じように、床山も力士を引き立てる裏方さんだ。平たく言えばお相撲さんの髪結いだが、同じ裏方でも行司、呼出しは土俵に上がって拍手を受ける。しかし、床山は支度部屋と相撲部屋を往復するだけ。まったくの縁の下の存在である。井筒部屋の床山として、40年以上も関取の大銀杏を結っているのが松本市出身、昭和35（１９６０）年7月22日生まれの床鶴（本名・鍋島光男）である。

大相撲の伝統支え30年

「木曽に母親の実家があり、漆関係の仕事をしているんですが、大相撲の行司をしている木村筆之助さん（幕内格、長野県伊那市出身）が〝軍配に漆をぬってほしい〟と頼みに来て、それがきっかけで相撲の世界にお世話になりました」。昭和51（1976）年3月、栃若時代にもろ差し名人として人気のあった元関脇鶴ヶ嶺の君ヶ浜部屋に入門した。1年後に名跡を変更して井筒部屋になっているが、当時は君ヶ浜部屋の看板を出していた。

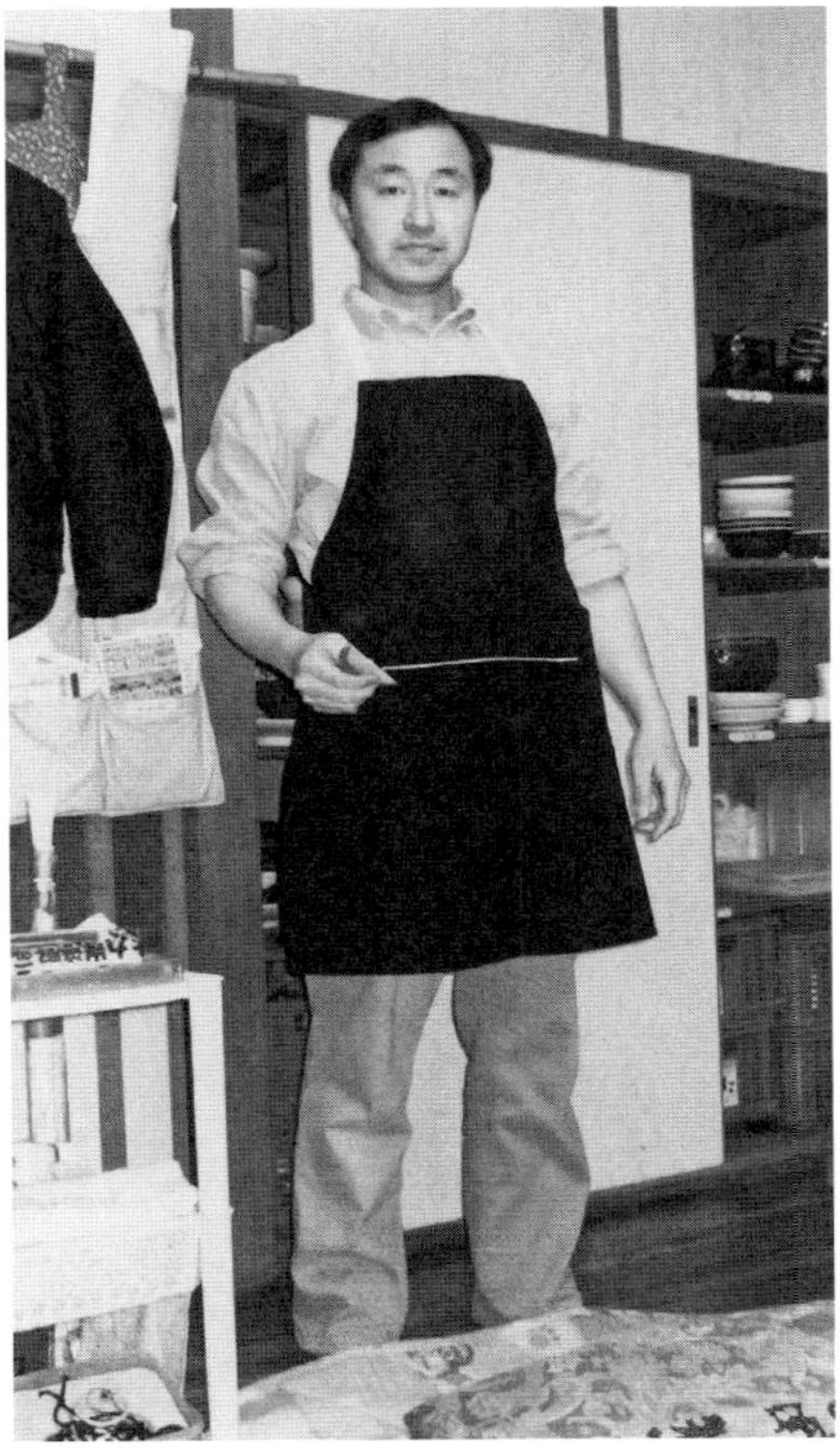
床山の床鶴

「相撲が好きだった。力士になりたかったけど体が小さいので、それはあきらめました。相撲の世界に入れるなら床山でもいいやと思いましたが、入門してすぐにやめたくなりましたよ。つらいとかじゃなくて、相撲部屋の生活は自分に向いていない、合わないと感じたんですね。それで大阪の春場所中に師匠（元鶴ヶ嶺）に〝やめさせてください〟と頭を下げた。結局、おかみさん（親方夫人の故節子さん＝逆鉾、寺尾らの母親）らに説得されて踏みとどまり今日に至っています」

鹿児島弁？

旧井筒部屋から独立した鶴ヶ嶺の君ヶ浜部屋は昭和47（1972）年4月にスタートを切ったばかりの新興部屋だった。「わたしの入門当時、力士は15、16人いましたが、新しい部屋だったので雰囲気も良かった。意地の悪い兄弟子もいなかったし、それが幸いしましたね」

入門の世話をした幕内格行司の木村筆之助は伊那市出身

そんな和気あいあいの部屋だったが、困ったことが一つあった。「部屋には鹿児島県出身の力士が多かった。言葉がなかなか分からない。部屋での会話はどうにか理解できますが、どうしても鹿児島の方からの電話が多いでしょう。何度も聞き返したりして、よく怒られました」。かつて旧井筒部屋に北海道出身の力士が入門した。「いやあ、参ったよ。うちの部屋は鹿児島弁が〝標準語〟なんだからね。まるでチンプンカンプン。通訳がほしいくらいだった」。そういうぼやきを何度聞いたかしれない。

力士の背中から将来性も

話題を変えよう。入門から10年たった昭和61（1986）年10月、床鶴は大相撲パリ公演に参加している。「キャリアのある（床山の）兄弟子が大勢いた。海外公演、巡業に連れて行ってもらうにはもうしばらくしてから、と思っていたのにわたしがパリ行きに選ばれた。当時はもう井筒部屋になっていましたが、部屋には幕内の関取が5人もいた。それでわたしが行くことになりました」。パリ公演直前の秋場所、井筒部屋5人衆は小結逆鉾と前頭の霧島、陣岳、寺尾、薩州洋。海外公演はほかにブラジルと香港のメンバーに加わっている。大相撲の海外公演、巡業は床山の数が少なく、限られた時間に7、8人の関取の大銀杏を結わなければならず、それこそ大忙しだが「（平成3年の）ロンドン公演のデモンストレーションで大関霧島関らと先乗りしたときには、力士も3、4人で時間的にも余裕があって楽しかったですね」。

相撲界に身を投じて40年余。縁の下で支える床山は、相撲の伝統に欠かせない〝職人〟だ。「あっという間の40年ですね。頭を結うので若い力士を背中から見ていますが、強くなっていく力士は肩が盛り上がり、体に張りがあります。そういうのを身近に感じる。それがうれしいですね」。現役の関取では井筒部屋の鶴竜や、人気者逸ノ城らの大銀杏を結っている。

「今は朝晩に犬の散歩をさせるのが日課で、これといった趣味はありません。若いころには霧島関とよくボウリングに行きましたが…」。入門が1年先輩の元大関霧島の陸奥親方は「ボウリングは上手だったね。勝負してもおれは勝てなかったよ」。

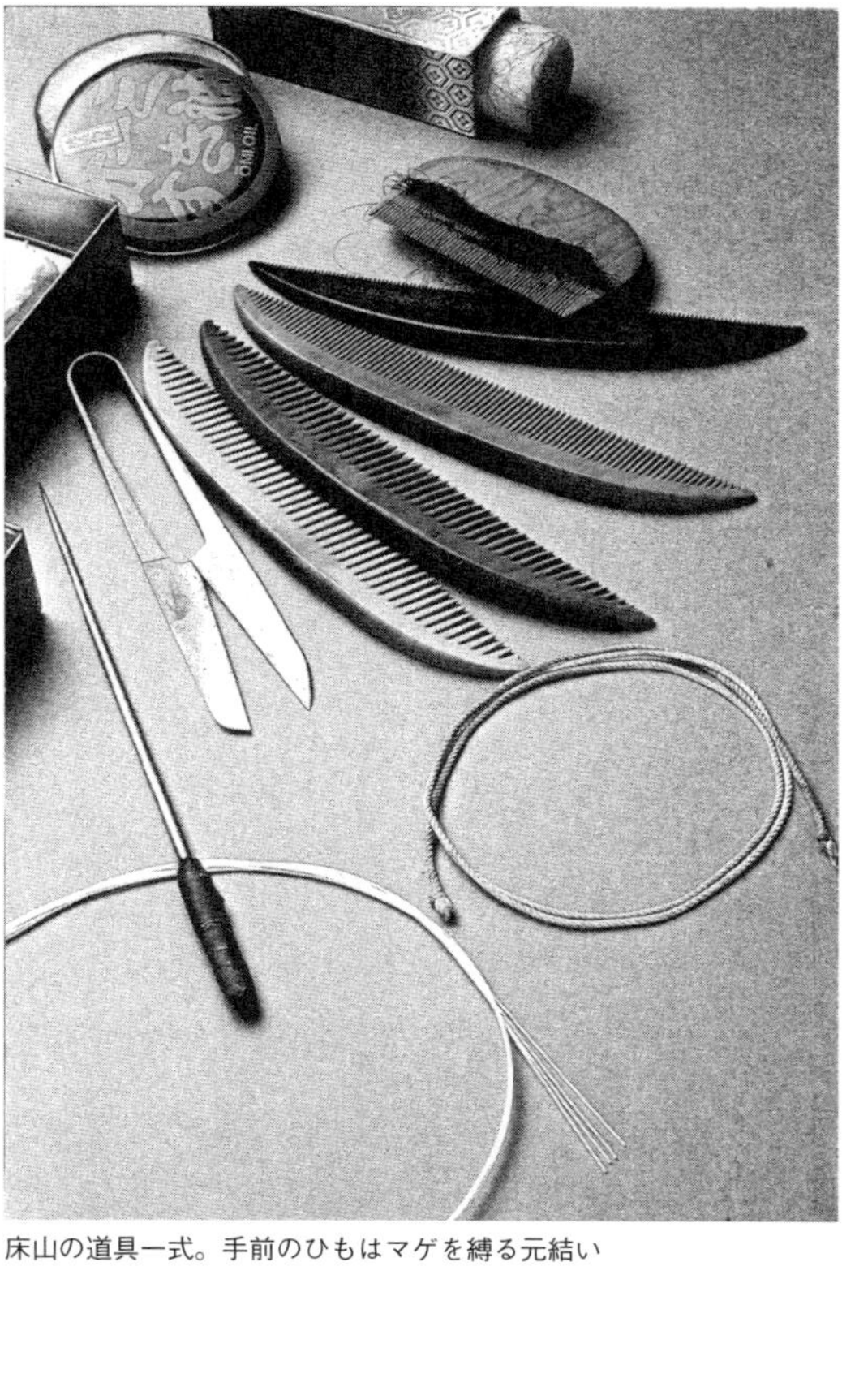

床山の道具一式。手前のひもはマゲを縛る元結い

土俵の熱戦マイクで

河原武雄《かわはらたけお》

長野市大門町出身

力士でもない。行司、呼出しでもない。大相撲の人気を側面から支えたＮＨＫ相撲放送の元名アナウンサー河原武雄を紹介する。大正２（１９１３）年２月、長野市生まれ。戦前の昭和19（１９４４）年から柏戸、大鵬が活躍した「柏鵬時代」の同40年代まで、マイクを通して土俵の熱戦をファンに届けた。

正確無比の実況

取り口描写の緻密《ちみつ》さは天下一品、正確無比と言われ、同時代の故志村正順《しむらまさより》アナウンサーとともにラジオ黄金時代を現出させた。河原は「志村さんは華やかな実況をされたので、わたしはむしろ、きちんと正確に描写して自分の型を作っていきました」と話している。同時代の相撲記者は「誠実さがにじみ出ていた」と表現したが、長野県人らしい河原の実

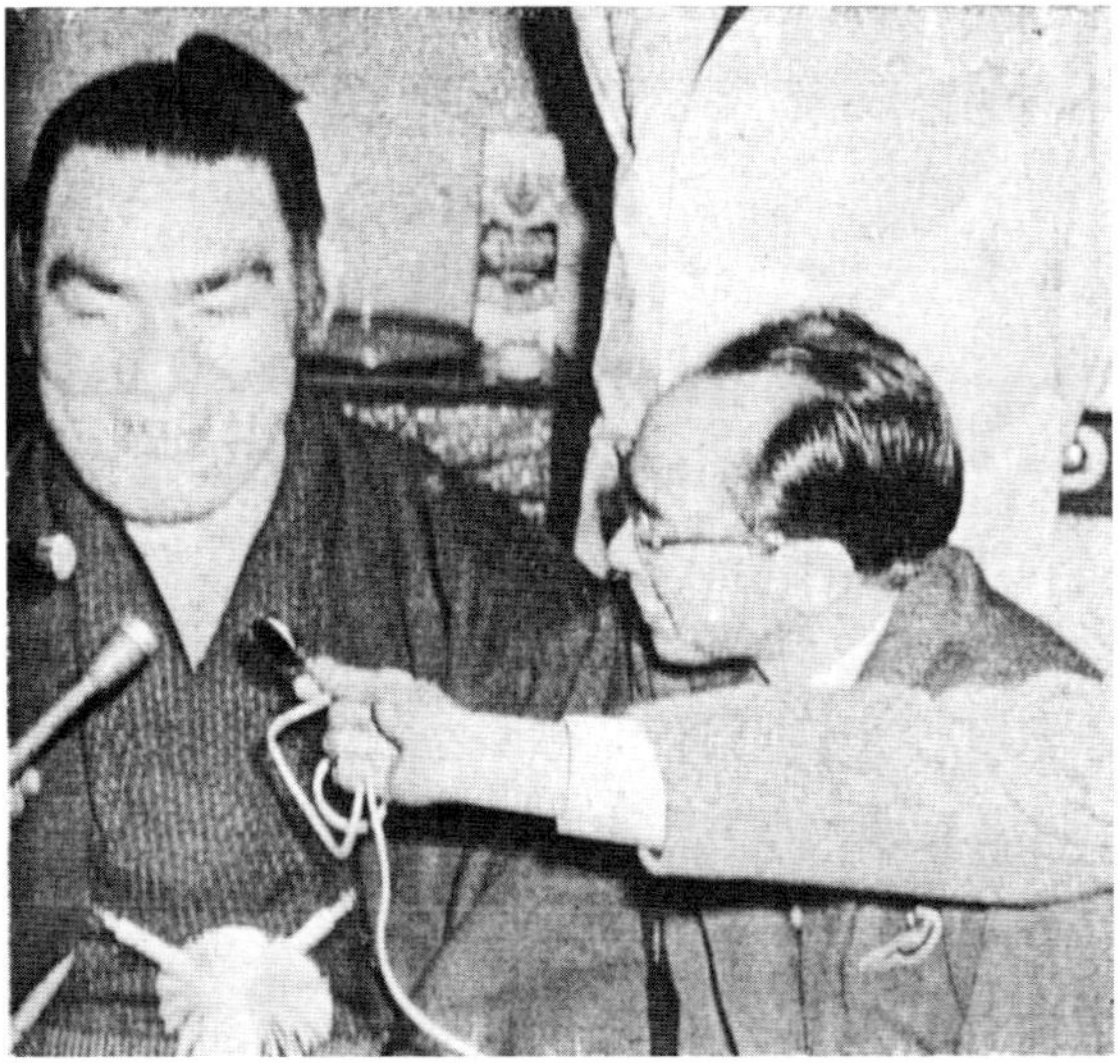

胸毛の朝潮にインタビューする河原武雄

直な人柄がそのまま出ている放送だった。

相撲アナウンサーはそれぞれに、力士の身長、体重、成績などが記載された細かい資料を手元に置いて放送している。いわば〝アンチョコ〟だが、その原型を作ったのが河原だった。何人かのＮＨＫ相撲担当アナウンサーＯＢは「わたしたちは先輩のをまねて踏襲しているだけですが、星取表などの資料は河原さんが最初に念入りに調べて作成した、と聞いています」と語っている。その河原は昭和14（１９３９）年4月にＮＨＫ入局。「直前の1月場所（春場所）に双葉山が安芸ノ海に敗れる大番狂わせがあって、連勝が69でストップした。次の5月場所（夏場所）にアナウンサー養成の見学で国技館の四階大衆席から谷底を見下ろすように相撲見物をしました」と言う。

〝河原部屋〟

河原の大相撲〝初土俵〟は同19（1944）年1月の春場所。小結佐賀ノ花が優勝した場所だった。旧両国国技館で開催された最後の本場所でもあった。というのは、国技館は1月の春場所が終わるとすぐに日本軍部に接収され、風船爆弾の製造工場となっているからだ。戦線に赴いた河原が外地から復員したのは同21（1946）年夏。そしてその年の11月に行われた秋場所から再び土俵下のマイクの前で熱戦を全国の大相撲ファンに伝えた。以来、栃錦、若乃花の「栃若時代」から、柏戸、大鵬の「柏鵬時代」まで大相撲の黄金時代を陰から支えた。

戦後すぐには新人アナウンサー養成学校

柏戸、大鵬の「柏鵬時代」まで現役だった

の教育官にもなり、後の北出清五郎《きたでせいごろう》らを育てている。同27、28年から民放が誕生してNHKから民放に移る者もいて、河原の教え子だった小坂秀二《こさかひでじ》はTBS（東京放送）、原和男《はらかずお》はNTV（日本テレビ）とそれぞれの放送局で相撲アナウンサーとして一本立ちした。「わたしたちは〝河原部屋〟と言ってました。わたしはその弟子だったんですよ。河原さんがまだ現役の時ですが、河原部屋の弟子が5人、河原さんを含めて6人そろって同時にマイクの前に座って大相撲放送をやっていたことがあります。こんなことは希有《けう》ですよ。河原さんの指導が良かったからみんな成長した。わたしたちは年に一度の河原部屋での飲み会が楽しみでした」というのは相撲記者クラブ会友で、90歳を越しても酒量は落ちず、かくしゃくたる原和男だ。

相撲少年の思い出

私事になるが、筆者は小学生時代、蔵前国技館に河原さんと一緒にNHK迎えの黒塗りハイヤーで〝場所入り〟したことがある。解説の神風正一さん

相撲記者の集まりで記念写真に納まる河原武雄（前列右端）

の東京場所での宿舎は筆者の実家の目の前だった。相撲少年だったこともあって神風さんにはかわいがってもらっていた。銭湯について行き、背中を流したこともある。ある日、神風さんに「坊主、場所に行くか」と声を掛けられた。迎えの車には既に河原さんが乗っていた。そのハイヤーに同乗しての国技館行きだった。

コラム 8

三賞と雷電賞

殊勲賞、敢闘賞、技能賞の「三賞」が制定されたのは戦後になってからで、昭和 22 年秋場所から始まりました。戦後すぐの低迷の相撲人気を盛り上げるために、東京相撲記者クラブが協会幹部に進言して実現したものです。関脇以下の幕内力士が受賞資格者で、勝ち越しが最低条件です。殊勲賞は横綱や優勝力士を倒した力士に、敢闘賞は目覚ましい活躍をした力士に、技能賞は文字通りに相撲技、技能を発揮した力士にそれぞれ与えられます。

今までで三賞受賞が一番多いのは安芸乃島で 19 回。次いで琴錦の 18 回です。各賞別では殊勲賞は魁皇と朝潮。敢闘賞は貴闘力。技能賞は鶴ヶ嶺。ともに 10 回受賞です。懐かしい名前ばかりです。

三賞とは別に本場所の土俵で表彰されたものに「雷電賞」があります。昭和 30 年春場所から 40 年九州場所までと限られていますが、関脇以下で幕内最多勝力士に与えられました。最多勝が複数いたときには番付上位者が受賞しました。著名な作家・尾崎士郎の小説「雷電」が読売新聞社に連載され、同社の雑誌「大相撲」刊行を記念して制定されました。雷電の手形をあしらった手形は縦 80 センチ、横 67 センチ、厚さ 4・5 センチ、重さ 15 キロありました。

〝世界戦略〟進める日本相撲連盟会長

飯田市松尾出身

松村豊《まつむらゆたか》

「相撲がオリンピックの正式競技となることを大きな目標にして、取り組んでいます」。そう語っていたのはアマチュア相撲界のトップにいる日本相撲連盟会長の松村豊だった。モンゴルの朝青龍、白鵬、ブルガリアの琴欧洲、ロシアの露鵬、エストニアの把瑠都…。大相撲の国際化はアマ相撲界の「世界戦略」の産物。というのは、琴欧洲、露鵬らは相撲の国際大会に出場の後にプロ入りして成功を収めているからだ。国技・大相撲を世界に広める〝仕掛け人〟松村は昭和5(1930)年11月生まれ、飯田市の出身である。

小さな体に情熱いっぱい

スポーツ団体のトップクラスが集まるある会合だった。「えっ、あの人が相撲連盟の会長さん？」。誰もがけげんな顔をした。身長160センチ台の小柄。相撲イコール大男のイメージとはほど遠い。だが、その小さな体の中に情熱がいっぱい詰まっていた。「国技である相撲の国際化はわたしに課せられた命題です。現在、国際相撲連盟には80数カ国が加盟していますが、〝相撲は日本の相撲をもって相撲とする〟と定義して古来の伝統を守りつつ、礼儀の正しさを指導して世界に相撲の輪を広げていきたい」。平成14（2002）年に日本相撲連盟の7代目会長に就任。平成18（2006）年の暮れには同連盟創立60周年記念の祝賀会が両国国技館で行われ、松村は「アマ相撲の隆盛を願い、さらなる飛躍を目指します」と力強くあいさつした。

初めに〝小柄〟と断ったが、拓殖大学相撲部OBの松村は実はまわしを着けて相撲を取った経験はない。松村は昭和25（1950）年、新制

日本相撲連盟７代目会長の松村豊

表彰式で賞状を読む松村会長（国技館）

大学1年生として拓大に入学、即弁論部入りした。ある選挙で拓大雄弁会出身の候補者応援のために東京からOB、現役学生が大挙して候補者の地元に駆け付けた。松村はその候補者の選挙手伝いをしていた縁で拓大に誘われたのだ。当然のように弁論部に籍を置き、相撲とはまったく無関係の人生を送るはずだった。ところが弁論部、学生自治会で張り切る松村を体育会系の学生が放っておかなかった。大学からの予算を少しでも多く獲得するためには弁舌が達者な松村を味方につける必要があったからだ。同期の相撲部員に誘われて2年生からマネジャーになっている。相撲部のスカウトは半ば強引だったようで、後に当時の卓球部主将が「松村君は卓球部に入ったはずなのに?」と語っている。卓球部にとって、逃がした魚は大きかった。

度胸、知識は弁論部で

松村は相撲部のマネジャーと〝二足のわらじ〟で学生自治会委員長にもなっているが「このころはまだ大戦の敗戦ショックが残っていて、食糧事情も悪く大変な時代。当然、大学相撲部の食糧問題も深刻で、今日の学生には想像もできないほどだった。いわゆる、相撲界の言葉で言う〝オコメ〟。すなわち予算の工面など、苦労しました」という。そんないきさつがあっての相撲

平成3年12月、全日本相撲選手権観戦の皇太子さまを役員とともに国技館にお迎えし、おじぎをする松村会長

日本相撲連盟の創立は戦後すぐだったが、アマ横綱を決める第1回全日本選手権大会が開催されたのは昭和28（1953）年1月。「わたしたち学生相撲連盟の学生役員も動員され、ポスター張り、蔵前国技館の会場の準備、当日の受付など手伝いました。こうしたことから日本相撲連盟にも顔を出し、卒業後も大会の主審を務めたりして、今日につながっています。あっという間に半世紀以上の相撲人生。人前でスピーチするときに弁論部で培った度胸と知識が大いに役立ちましたが、学生時代にわたしを相撲部に誘ってくれた友人には本当に感謝です」。東京都内に建築関係の仕事を立ち上げるなど、起業家として成功。拓大では学友会会長（理事）を務めた。忙しい仕事の合間を縫ってのアマチュア奉仕で、海外の相撲普及にも意欲的で世界各地を飛び回っていた。相撲の世界選手権大会は過去にブラジル、ドイツ、タイなどで開催され、平成28（2016）年はモンゴルで行われた。松村は20数年前にブラジルの相撲選手だった日系三世を拓大に留学させた。期待に応えた池森ルイス剛は学生相撲史上初の〝外国人〟学生横綱になり、大きな話題となった。

人生の始まりだった。

大相撲一口メモ・10　横綱審議委員会

昭和25（1950）年5月に日本相撲協会の諮問機関として発足しました。委員会は理事長が委嘱する協会外の有識者の委員によって構成させています。横綱推薦、その他、横綱に関する諸種の案件につき、協会の諮問に答申し、進言などをします。毎場所、千秋楽翌日に定期会合が開かれます。委員定数は15名です。

信州と相撲愛した芸術家

元横綱審議委員

石井鶴三

いしいつるぞう

東京都出身

生まれも育ちも東京。日本芸術院会員で彫刻家、洋画家、版画家の東京芸大教授。そして横綱審議委員、相撲博物館館長だった石井鶴三が「何で〝信州の相撲人〟なの」と反論があるのを承知で登場願った。生粋の江戸っ子・石井鶴三の〝心〟は間違いなく信州にあったからである。「鶴三は信州とは絶ちがたい深い縁で結ばれ、時には長野県人と間違えられるほど、信州の自然と人を愛している」と、ある本に書かれている。「木曽の檜《ヒノキ》で、木曽の地で、木曽の文豪藤村像の制作」に没頭した鶴三は、大正13（1924）年から昭和45（1970）年までの46年間、夏休みのほとんど全期間を上田市の彫塑研究会に出席し指導に当たった。上田市には「石井鶴三美術館」がある。

〝心〟はいつも信州に

37歳のときに小県上田教育会主催の「上田彫塑研究会」の講師となった鶴三は、毎夏講習生とともに研究に励み、そして「藤村立像」「娘の胸像」などの創作活動を続けた。85歳の生涯を閉じたのは昭和48年3月だったが、亡くなる1年前の84歳時に上田で「裸女立像」を制作している。東京は台東区の下町に育った鶴三は、20歳のとき、山本鼎《かなえ》に誘われて浅間山に登山。23歳で立山に登り、信州の山々の造形美、自然の生命力に感動を受け信州とのつながりを深めていった。年譜を拾ってみると「49歳、赤倉でスキーを始める」「56歳、東京・麹町の島崎藤村邸へ10日間ほど通い塑像を作る」「63歳、木曽教育会機関誌『木曽教育』創刊号の表紙画、題字を書く」「78歳、小説『夜明け前』の挿絵執筆の参考に、久しぶりに中津川から馬籠峠を歩く」などが散見する。終戦の年の昭和20年11月には木曽で「芸術について」の講演もしている。59歳のときだった。

自宅に土俵

そんな信州の地を愛した鶴三は大の相撲好きでもあった。大正8（1919）年、35歳で東京・板橋区に新居を建てたが、何と庭に土俵をつくるほどの熱の入れようだった。戦

郵便はがき

料金受取人払郵便

長野中央局
承認

5303

差出有効期限
平成29年9月
30日まで

切手不要

3808790

044

長野市南県町六五七

信濃毎日新聞社

出版部 行

あなたの
お名まえ
男・女

〒
TEL＿＿＿(　　)＿＿＿＿

ご住所

学校名学年
または職業

年齢　　　歳

ご購読の新聞・雑誌名（　　　　）

愛読者カード

このたびは小社の本をお求めいただきありがとうございました。お手数ですが、今後の参考にさせていただきますので、下記の項目についてお知らせください。

〔書　名〕

◆ 本書についてのご感想・ご意見、刊行を希望される書物等についてお書きください。

◇ この本を何でお知りになりましたか。

1．信濃毎日新聞の広告

2．書店・売店で見て　　3．人にすすめられて

4．書評・紹介記事を見て（新聞・雑誌名　　　　　　）

5．インターネットで見て（サイト名　　　　　　）

◇ ご感想は小社ホームページ・広告に匿名で掲載することがあります。

購入申込書

このハガキは、小社刊行物のご注文にご利用ください。

ご注文の本は、宅配便あるいはメール便でお届けします。

送料は１回の発送で全国一律300円です。ただし代金引換の場合は別途手数料（300円＋税）が必要です。

長野県内にお住まいで信濃毎日新聞をご購読の方は、信毎販売店からのお届けもできます（送料無料）。

ご注文内容確認のため、お電話させていただく場合があります。

個人情報は発送事務以外に利用することはありません。

書　名	定　価	部 数

https://shop.shinmai.co.jp/books/　　E-mail shuppanbu@shinmai.co.jp

後に東京芸大相撲部が復活した際には初代顧問になっている。大正時代には東日本学生相撲選手権大会で優勝した強豪選手を出したほどの芸大相撲部だが、その後いつの間にか消滅していた。鶴三らの尽力で相撲部が復活したのは昭和34年。鶴三は既によわい70を超していたが、土俵開きには自らまわしを締めて現役学生と相撲を取っている。「東京芸術大学相撲部史」の小冊子に、土俵上まわし姿の勇姿が掲載されているが、OBの一人は「先生もまわしを締めて相撲を取られた。そのときの先生の気品あふれる仕切りの美しさと胸を借りた渋谷君、西山君たちの緊張したすまいぶり（様子）は今も鮮やかに思い出す」と書いている。70歳を過ぎて相撲を取るその情熱には〝すごい〟と感心するばかりである。

70歳を過ぎても自らまわしを着け土俵に上がった石井鶴三

筋金入りの好角家

話は前後するが、落語のようなまゆつばもののエピソードもある。前述した自宅の庭の土俵で画家仲間、彫刻家仲間と相撲のけいこをしていたところに御用聞きが注文取りにやってきた。「ここで、われわれと相撲を取れば注文するが、どうする?」。半強制的である。御用聞きはまわし姿になって皆と相撲を取り、注文をもらって帰ったという。中途半端な相撲好きではない。日本相撲協会の諮問機関である横綱審議委員会委員に選ばれたのも当然だろう。同委員会の発足は昭和25年5月。鶴三63歳のときだった。スタート時からのメンバーで、ほかに旧姫路藩主で伯爵の酒井忠正(委員長)、作家の尾崎士郎、フランス文学者の辰野隆、ドイツ文学者の成瀬無極らがいた。芸大教授の鶴三は大相撲が始まると午後の授業は何となく落ち着かず、学生に「先生、もう始まりますね」と言われると「ええ」と答えて、静かに教室を出て行く毎日だったそうだ。1年1場所だけだが、あるスポーツ新聞に連載の「熱戦スケッチ」は好評だった。ブロンズの若乃花像、栃錦像、大鵬像などは鶴三が70歳代に制作したものである。昭和44年2月に相撲博物館の2代目館長に就任。単なる〝飾り物〟が多い横綱審議委員の中で、鶴三は筋金入りの好角家だった。信州を愛し、そして大相撲を愛した芸術家だった。

現役編

（平成29年春場所現在）

木曽郡上松町出身　出羽海部屋

プロでも最高位を！

御嶽海久司

みたけうみひさし

東洋大学の4年生の時に学生横綱とアマチュア横綱のビッグタイトルを独占。実業団相撲の強豪である和歌山県庁への就職が内定していたが、水面下でプロの激しいスカウト合戦が演じられ、名門中の名門である出羽海部屋に飛び込んだ。

名門の復活を

明治時代に常陸山という大横綱がいた。年寄・出羽海となってから力士育成に情熱を燃やし何人もの横綱を育て、一代で大部屋にした。双葉山時代の戦前には出羽海部屋の幕内力士が番付の片側を埋めたこともある。戦後には千代の山、佐田の山、三重ノ海が横綱として名門部屋を盛り上げていた。歴代の出羽海親方が相撲協会理事長として活躍。ところが、平成年代に入ってからの出羽海部屋は急転直下のどん底状態まで落ち込んだ。栄枯盛

角界入りの記者会見をする大道久司選手（左）と出羽海親方。
大勢の報道陣を前に「出羽海部屋を引っ張っていきたい」と決意表明。出羽海親方は「立ち合いの踏み込みが鋭く、体勢が悪くても前へ出る相撲に魅力を感じた。部屋を引っ張ってほしい」と話した（平成27年1月27日、東京・東洋大学）

衰は世の習だが、110年以上も続いた関取がゼロという〃迷門部屋〃になってしまった。現出羽海親方（元前頭2枚目小城乃花）の「ウチの部屋を昔のにぎやかな部屋にしてくれ。君に部屋の運命を任したい」という情熱を意気に感じての出羽海部屋入りだった。

しっかり稽古を

幕下2場所、十両2場所を経て幕内入り。順調な滑り出しと言えるだろう。本当の勝負はこれからの1、2年だ。22歳でプロ入り。年齢のストップは効かな

平成 29 年初場所、初金星を挙げた横綱日馬富士戦

い。あっという間に25、26歳と過ぎていく。学生相撲出身者は全体的に本場所に強いタイプが多い。だからといって器用貧乏では大成しない。ある親方は「稽古場は力が出ないのか、出さないのか分からないが、本場所でのここ一番での集中力は大したものだ」と話しているが、稽古場でのきちっとした裏付けがなければ長持ちはしない。そこら辺をしっかりと自覚しているかどうか。御嶽海にとっては今が一番稽古をしなければいけない時期、稽古の貯金をするときなのである。

期待を背負って

十両時代に立ち会いの変化で勝った勝負があった。自分の体調を考えての〝省エネ〟相撲だったが、作戦を考えて取るような姑息な相撲は御嶽海らしくはない。徹底的に突き、押しに徹する頑固さが相手の恐怖感を誘う。出羽海一門の親方は「相撲勘はいいものを持っている。それを伸ばす稽古をもっとやらなくては」と指摘している。迷門部屋を再び「名門部屋」へ、御嶽海への期待は大きい。

大相撲一口メモ・11　たにまち

後援者のことを言います。昔、大阪・谷町（大阪市南区）界隈に住んでいた相撲好きのお医者さんは、力士から治療代を一切取らなかったことから、〝面倒見のいい人、ごひいき〟を「たにまち（谷町）」というようになりました。力士だけではありません。政治家も「たにまち」を必要としているのは言うまでもない？

幕下　旭鵬山

埴科郡坂城町出身　大島部屋
本名　山崎英旗
昭和61年3月30日生まれ
平成13年春場所初土俵
１７８センチ　１３３キロ　ＡＢ型

幕下　高三郷

安曇野市出身　東関部屋
本名　和木勝義
平成2年3月30日生まれ
平成17年春場所初土俵
１８５センチ　１２７キロ　Ｏ型

三段目　本木山

松本市出身　玉ノ井部屋
本名　本木一美
平成３年12月15日生まれ
平成20年春場所初土俵
１８０センチ　１０４キロ　A型

三段目　銀星山

諏訪市出身　大嶽部屋
本名　茅野峰大
平成５年４月６日生まれ
平成24年春場所初土俵
１７５センチ　１０７キロ　B型

序二段　琴宇留賀

松本市出身　佐渡ヶ嶽部屋
本名　宇留賀響
平成5年8月6日生まれ
平成24年春場所初土俵
185センチ　100キロ　O型

三段目　満津田

飯田市出身　峰崎部屋
本名　松田誉彦
平成6年9月19日生まれ
平成25年春場所初土俵
180センチ　100キロ　AB型

三段目　山本

長野市出身　玉ノ井部屋
本名　山本正克
平成8年8月21日生まれ
平成26年九州場所初土俵
180センチ　180キロ　A型

序二段　琴大友

北佐久郡軽井沢町出身　佐渡ヶ嶽部屋
本名　大友駿平
平成10年2月13日生まれ
平成28年春場所初土俵
186センチ　123キロ　AB型

序ノ口　松岡

上田市出身　東関部屋
本名　松岡裕輔
平成13年11月10日生まれ
平成29年春場所初土俵
169センチ、114キロ　A型

幕下格行司　木村亮輔

茅野市出身　八角部屋
本名　宮坂亮輔
昭和58年5月8日生まれ
平成13年九州場所初土俵　B型

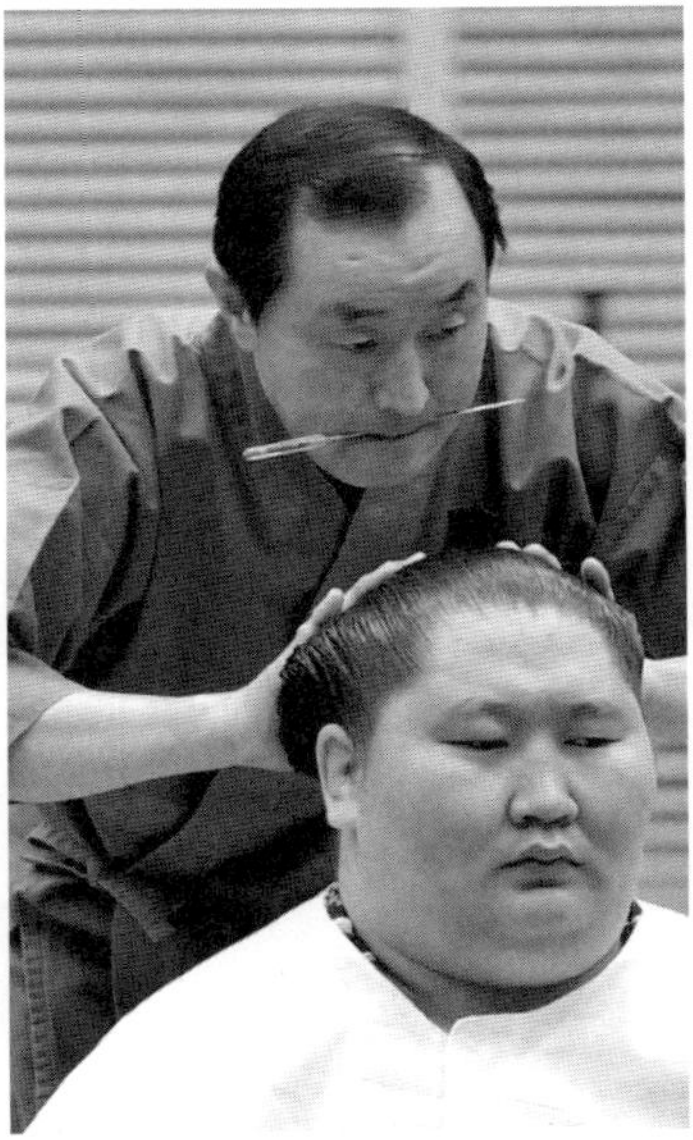

一等床山　床鶴

松本市出身　井筒部屋
本名　鍋島光男
昭和35年7月22日生まれ
昭和51年3月入門　O型

五等床山　床雄

小諸市出身　阿武松部屋
本名　戸田郁基
平成8年12月3日生まれ
平成24年4月入門　B型

資料編

雷電～御嶽海
13力士の幕内全成績一覧

○	白星
●	黒星
△	預かり
◇	無勝負
×	分け
や	休み

雷電

幕内通算 254 勝 10 敗 2 分 14 預 5 無勝負

寛政2・11月	西関脇	8-0 2預	○鈴鹿山 ○時鐘 ○出水川 △友千鳥 ○簑島 ○伊勢ノ浜 ○盤井川 △小野川 ○雷電（灘） ○名草山	優勝①
寛政3・4月	西関脇	6-1 1無2や	○伊勢ノ浜 ○簑島 ○友千鳥 ○和田ヶ原 ●梶ヶ浜 ○磐井川 ◇雷電（灘） や ○陣幕 や	
寛政3・11月	西関脇	8-0 1預1や	○七ツ島 ○伊勢ノ浜 ○時鐘 ○出水川 ○八ツケ峰 ○和田ヶ原 ○磐井川 ○陣幕 △小野川 や	優勝同点
寛政4・3月			不出場	
寛政4・11月	西関脇	2-0 1や	や ○五百峰 ○茂り山	
寛政5・3月	西関脇	8-1	○七滝 ○木曾谷 ○獅子ヶ嶽 ○熊山 ○出水川 ○出羽海 ○和田ヶ原 ●常山（後の花頂山） ○高根山	優勝同点
寛政5・10月	西関脇	8-0 1預1や	○友千鳥 ○簑島 ○磐井川 ○高根山 ○和田ヶ原 △雷電（灘） ○伊勢ノ浜 ○勢見山 ○玉垣 や	優勝②
寛政6・3月	西小結	6-0 1分1預2や	や ○八ツヶ峰 ○手柄山 ○伊勢ノ浜 ○和田ヶ原 ○梶ヶ浜 ×勢見山 △陣幕 ○玉垣 や	優勝③
寛政6・11月	西関脇	8-0 1預1や	○簑島 ○鏡岩 ○竜門 ○伊勢ノ浜 ○大空 ○出水川 △和田ヶ原 ○玉垣 ○勢見山 や	優勝④
寛政7・3月	西大関	5-0	○簑島 ○八ツヶ峰 ○鬼勝 ○平石 ○和田ヶ原	優勝⑤
寛政7・11月			不出場	
寛政8・3月			不出場	
寛政8・10月	西大関	9-0 1や	○岩井川 ○友千鳥 ○八剣 ○大空 ○磐石 ○陣幕 ○玉垣 ○伊勢ノ浜 ○小野川 や	優勝⑥
寛政9・3月	西大関	8-1 1や	○簑島 ○出羽海 ○八十島 ○高根山 ○和田ヶ原 ○論鶴羽 ●花頂山 ○磐石 ○陣幕 や	優勝⑦
寛政9・10月	西大関	10-0	○茂り山 ○茨木 ○月ノ森 ○鯱 ○出潮 ○平石 ○簑島 ○不知火 ○小野川 ○五人掛	優勝⑧

場所	地位	成績	取組	備考
寛政10・3月	西大関	8-0 1無1や	○八角 ○荒渡 ○揚羽 ○大綱 ◇伊勢ノ海 ○花頂山 ○出羽海 ○鴻ヶ峰 ○不知火 や	優勝⑨
寛政10・10月	西大関	9-0 1や	○揚羽 ○八角 ○山巡 ○出潮 ○大綱 ○鴻ヶ峰 ○不知火 ○木幡山 ○花頂山 や	優勝⑩
寛政11・2月	西大関	6-0 1や	○出潮 ○比羅海 ○山巡 ○大綱 ○萩ノ海 ○揚羽 や	優勝⑪
寛政11・11月	西大関	9-0 1や	○和田ヶ原 ○木幡山 ○鏡岩 ○大空 ○鬼面山 ○山嵐 ○平石 ○手柄山 ○陣幕 や	優勝⑫
寛政12・4月			不出場	
寛政12・10月	西大関	6-1 1預2や	●鯱 ○出潮 ○萩ノ海 ○田子ノ浦 ○鴻ヶ峰 ○大綱 ○花頂山 △平石 や や	
享和元・3月		6-0 1預3や	や や ○出潮 ○田子ノ浦 ○大綱 △花頂山 ○論鶴羽 ○鴻ヶ峰 ○平石 や	優勝⑬
享和元・11月			不出場	
享和2・2月			不出場	
享和2・11月	西大関	8-0 2や	や ○浜ヶ関 ○揚羽 ○雲切 ○荒馬 ○大綱 ○山嵐 ○梁 ○押尾川 や	優勝⑭
享和3・3月	西大関	5-0 2預	○黒鷲 ○八十島 △論鶴羽 ○揚羽 ○大綱 △荒馬 ○鯱	優勝⑮
享和3・10月	西大関	9-0 1や	○八十島 ○緑川 ○鏡岩 ○鯱 ○緋縅 ○荒馬 ○秀ノ山 ○鬼面山 ○平石 や	優勝⑯
文化元・3月			不出場	
文化元・10月	西大関	8-1 1や	○佐野山 ○論鶴羽 ○鏡岩 ○緋縅 ●柏戸 ○荒馬 ○大見崎 ○鬼面山 ○平石 や	優勝⑰
文化2・2月	西大関	10-0	○佐野山 ○田子ノ浦 ○鹿間津 ○四ツ車 ○音羽山 ○揚羽 ○大綱 ○荒馬 ○柏戸 ○八十島	優勝⑱
文化2・10月	西大関	9-1	○佐野山 ○鹿間津 ○田子ノ浦 ○三保ヶ関 ○揚羽 ●春日山 ○荒馬 ○雷 ○柏戸 ○平石	優勝⑲
文化3・2月	西関脇	3-1 1や	○佐野山 ○鹿間津 や ●音羽山 ○四ツ車	
文化3・10月	西大関	9-0 1預	○佐野山 ○大角 ○八十島 ○音羽山 ○滝ノ音 ○荒岩 △柏戸 ○春日山 ○揚羽 ○雷	優勝⑳

文化4・2月	西大関	8-0 1預1や		○大角 ○佐野山 ○八十島 ○滝ノ音 ○四ツ車 ○揚羽 ○春日山 ▽荒馬 ○柏戸 や
文化4・11月	西大関	8-0 1預1無	優勝㉑	○佐野山 ○大木戸 ○浅香山 ○揚羽 ○鏡岩 △緋縅 ○鬼面山 ◇柏戸 ○荒馬 ○滝ノ音
文化5・3月	西大関	7-0 1無2や	優勝㉒	○論鶴羽 ○八ツヶ峰 ○滝ノ音 ○音羽山 ○四ツ車 ○揚羽 ○鏡岩 や ◇柏戸 や
文化5・10月	西大関	9-1	優勝㉓	○荒海 ○大角 ○四ツ車 ●鏡岩 ○揚羽 ○緋縅 ○荒馬 ○柏戸 ○鬼面山 ○音羽山
文化6・2月	西大関	8-0 1預1や	優勝㉔	○荒海 ○滝ノ音 ○音羽山 ○揚羽 や ○鏡岩 ○荒馬 ○緋縅 △柏戸 ○鬼面山
文化6・10月	西大関	7-1 2や	優勝㉕	○八十島 ○滝ノ音 ●立神 ○揚羽 ○鏡岩 ○大岬 ○荒馬 ○緋縅 や や
文化7・2月	西大関	9-0 1無	優勝㉖	○北国 ○滝ノ音 ○立神 ◇揚羽 ○江戸ヶ崎 ○鏡岩 ○大岬 ○緋縅 ○柏戸 ○音羽山
文化7・10月	西大関	7-1 1分1や	優勝㉗	○北国 ○滝ノ音 ○佐野山 ○頂 ●江戸ヶ崎 ○緋縅 ○揚羽 ○鏡岩 ×柏戸 や
文化8・2月	西大関	全休		

君ヶ嶽

幕内通算 50勝 42敗 20分

弘化4・11月	西前頭7枚目	4-3 2分1や	○長谷川 ●剣山 ●常山 ×武蔵野 ○要石 ○紅葉川 ●荒熊 ○浪渡 ×雲早山 や
弘化5・1月	西前頭6枚目	2-4 3分1や	×武蔵野 ○春柳 ●常山 ○要石 ×広ノ海 ●緑川 ●厳嶋 ×杣ヶ浜 ●小柳 や
嘉永元・11月	西前頭6枚目	6-2 1分1や	○宝川 ○鏡石 ●鏡岩 ○鶴ヶ関 ○杣ヶ浜 ●常山 ○厳嶋 ○一力 ×武蔵野 や
嘉永2・3月	西前頭7枚目	5-3 1分1や	●宝川 ○黒岩 ×鏡岩 ○杣ヶ浜 ○武蔵野 ●緑川 ●鶴ヶ峰 ○常山 ○鰐石 や
嘉永2・11月	西前頭6枚目	3-1 5分1や	○春柳 ×常山 ○鏡岩 ×武蔵野 ●一力 ×黒岩 ○厳嶋 ×緑川 ×雲早山 や
嘉永3・3月	西前頭6枚目	6-3 1や	○春柳 ○錦 ○猪王山 ●荒馬 ●滝ノ尾 ○御用木 ●荒岩 ○武蔵野 ○縄張 や
嘉永3・11月	東前頭4枚目	6-3 1や	○掛尾山 ○嶽ノ越 ○常山 ●鏡岩 ○荒馬 ○厳嶋 ○一力 ●黒岩 ●階ヶ嶽 や
嘉永4・2月	東前頭3枚目	2-2 1分	○長谷川 ○鶴ヶ関 ●階ヶ嶽 ×宝川 ●鏡岩

場所	地位	成績	取組
嘉永4・11月	東前頭3枚目	2-5 3や	○鶴ヶ関 ○象ヶ鼻 ●嶽ノ越 ●常山 ●鏡岩 ●荒馬 や ●黒岩 や や
嘉永5・2月	東前頭2枚目	5-1 3分1や	○大槇 ×外ヶ浜 ○和田ヶ原 ●厳嶋 ○宝川 ○鏡岩 ○常山 ×荒馬 ×黒岩 や
嘉永5・11月	東前頭筆頭	3-3 4や	○大槇 ○沖ノ浜 ○厳嶋 ●宝川 ●階ヶ嶽 ●常山 や や や や
嘉永6・2月	東前頭筆頭	1-5 1分3や	や ○大槇 ×外ヶ浜 ●宝川 ●常山 ●鏡岩 ●階ヶ嶽 や ●象ヶ鼻 や
嘉永6・11月	東前頭2枚目	3-3 2分2や	○長谷川 ●大槇 ×沖ノ浜 ●荒馬 ×階ヶ嶽 ●鏡岩 ○宝川 ○鶴ヶ峰 や や
嘉永7・2月	東前頭2枚目	2-4 1分3や	○大槇 ○長谷川 ●一力 ●沖ノ浜 や ×荒馬 ●鏡岩 ●象ヶ鼻 や や

武蔵野

幕内通算 2勝 3敗

場所	地位	成績	取組
安政5・10月	東前頭8枚目	江戸大火のため興行中止	
安政6・1月	東前頭5枚目	2-3 5や	○雲生嶽 や ●外ヶ浜 ○燧洋 や や ●伊吹島 ●綾浪 や や

鷲ヶ浜

幕内通算 32勝 42敗 8分

場所	地位	成績	取組
明治3・4月	西前頭7枚目	2-4 4や	●立神 ○一力 ●境川 ●国見山 ●高見山 ○田子ノ浦 や や や や
明治3・11月	西前頭6枚目	5-2 1分2や	○中川 ○岩ヶ崎 ○磐石 ●両国 ○田子ノ浦 ×東関 ●高見山 ○国見山 や や
明治4・3月	東前頭5枚目	4-4 1分1や	○荒岩 ●一力 ●象ヶ鼻 ×朝日嶽 ○鯱の海 ●五月山 ●浦湊 ○鬼ヶ崎 ○立神 や
明治4・11月	東前頭5枚目	全休	
明治5・4月	西前頭5枚目	3-5 1分1や	●松ヶ枝 ○朝日森 ●両国 ●綾瀬川 ●山分 ○鬼若 ○清見潟 ×最上山 ●鯱ノ海 や
明治5・11月	東前頭4枚目	3-4 1分1や	○藤ノ戸 ●佐野山 ●山分 や ○鬼面山 ○鬼ヶ崎 ●獅子ヶ嶽 ×朝日嶽 ●鯱ノ海 や
明治6・4月	東前頭4枚目	4-2 1分3や	○境野 ●佐野山 ○鬼ヶ崎 ●小柳 ○鯱ノ海 や ○清見潟 ×獅子ヶ嶽 や や
明治6・12月	東前頭4枚目	1-7 2や	○大見崎 ●鬼面山 ●浦風 ●荒虎 ●朝日嶽 ●清見潟 ●鬼ヶ崎 ●武蔵潟 や や

場所	地位	成績	取組
明治7・3月	東前頭5枚目	4-3 1分2や	●清見潟 ○島田川 ●鯱ノ海 ●朝日嶽 ○鬼面山 ×鬼ヶ崎 ○松ヶ枝 や ○達ヶ関 や
明治7・12月	東前頭6枚目	3-4 2分1や	○境野 ●朝日嶽 ○小柳 ○鯱ノ海 ×鬼面山 ●鬼ヶ崎 ●清見潟 ●藤ノ戸 ×武蔵潟 や
明治8・4月	東前頭7枚目	0-4 6や	●武蔵潟 ●鯱ノ海 ●鬼面山 ●小柳 や や や や や や
明治9・1月	東前頭7枚目	3-3 4や	○佐野山 ●荒虎 ●小柳 ○鬼ヶ崎 ●鬼面山 ○藤田川 や や や や
明治9・4月	西前頭7枚目	全休	

高ノ戸

幕内通算 25 勝 29 敗 2 分

場所	地位	成績	取組
明治25・1月	東前頭11枚目	4-4 1分1や	●谷ノ音 ●真力 ○知恵ノ矢 ○大碇 ×大纏 ○響升 ○高千穂 ●大砲 ●鬼鹿毛 や
明治25・6月	東前頭9枚目	5-4 1や	○若湊 ●大砲 ○谷ノ音 ○知恵ノ矢 ○立嵐 ●鳳凰 ●大碇 ○大纏 ●高浪 や
明治26・1月	西前頭5枚目	5-3 2や	○今泉 ○外ノ海 ○天津風 ●小錦 ○西ノ海 ●朝汐 や ●大碇 ○響升 や
明治26・5月	西前頭3枚目	2-7 1や	●天津風 ●千年川 ●大纏 ●高浪 ○西ノ海 ●朝汐 ●小錦 ○響升 ●北海 や
明治27・1月	東前頭7枚目	5-3 1分1や	○笹島 ●大纏 ○大砲 ○一力 ×小天龍 ○大泉 ○天津風 ●唐辛 ●両国 や
明治27・5月	西前頭7枚目	1-2 7や	や や や や ○千年川 ●外ノ海 ●越ヶ浜 や や や
明治29・5月	西張出前頭	全休	
明治32・1月	西張出前頭	3-6 1や	○外ノ海 ○響升 ●増田川 ●高見山 ●松ノ風 ●千年川 ●天津風 ●越ヶ浜 ○大岳 や

槍ヶ嶽

幕内通算 24 勝 40 敗

場所	地位	成績	取組
大正12・夏	東前頭14枚目	4-7	●藤ノ川 ●阿久津川 ○白岩 ●陸奥ノ山 ●矢筈山 ●朝之富士 ○鞍ヶ嶽 ○桐ノ花 ●陸奥ノ花 ○太刀ノ海 ●清水川
大正13・春	西前頭15枚目	5-5	○藤ノ川 ○清水川 ○陸奥ノ山 ●小野川 ●大蛇山 ●白岩 ●射水川 ●矢筈山 ○鞍ヶ嶽 ○一ノ浜
大正13・夏	東前頭9枚目	2-9	●太刀光 ●大蛇山 ○射水川 ●能代潟 ●白岩 ●若太刀 ○紅葉川 ●清水川 ●一ノ浜 ●真砂石 ●朝響

大正14・春	東前頭13枚目	6-5	●射水川 ●紅葉川 ○一ノ浜 ○朝響 ○阿久津川 ●錦洋 ○若太刀 ●吉野山 ○琴ヶ浦 ●雷ノ峰 ○真砂石
大正14・夏	西前頭10枚目	3-7 1や	●清水川 ●射水川 ○大蛇山 ●池田川 や ○朝響 ●錦洋 ●吉野山 ○若太刀 ●西ノ海 ●小野川
大正15・春	西前頭14枚目	4-7	●兼六山 ●大矢崎 ●阿久津川 ●泉洋 ●小田ノ山 ○古賀ノ浦 ○岩見嶽 ○晴ノ海 ○朝嵐 ●一ノ浜 ●太郎山

太郎山

幕内通算 103 勝 137 敗 1 分

大正14・夏	西前頭16枚目	4-6 1分	○錦洋 ●矢筈山 ○若太刀 ●清水川 ○小野川 ○玉錦 ×朝響 ●一ノ浜 ●大蛇山 ●真砂石 ●三杉磯
大正15・春	西前頭15枚目	4-7	●福柳 ●外ヶ浜 ●白岩 ○常陸島 ●若常陸 ●玉錦 ●常陸嶽 ○柏山 ●綾錦 ○鬼風 ○槍ヶ嶽
昭和3・春	東前頭13枚目	4-7	●阿久津川 ●剣岳 ●晴ノ海 ●幡瀬川 ●男女ノ川 ○宝川 ●三杉磯 ●鏡岩 ○池田川 ○朝響 ○一ノ浜
昭和3・3月	西前頭12枚目	6-5	□朝光 ○宝川 ●幡瀬川 ●瀬戸山 ●天竜 ●池田川 ●綾桜 ○一ノ浜 ○剣岳 ○常陸島 ○真鶴
昭和3・春夏	西前頭15枚目	6-5	●宝川 ●池田川 ○朝響 ●岩木山 ●幡瀬川 ○一ノ浜 ○晴ノ海 ○古賀ノ浦 ○大蛇山 ●男女ノ川 ○三杉磯
昭和3・10月	西前頭15枚目	6-5	●星甲 ○男女ノ川 ●古賀ノ浦 ○岩木山 ●信夫山 ●島ヶ崎 ○大島 ●常陸島 ○朝光 ○大蛇山 ○三杉磯
昭和4・春	西前頭11枚目	7-4	●玉碇 ●武蔵山 ○荒熊 ●大島 ○鏡岩 ○常陸嶽 ○藤ノ里 ○新海 ○外ヶ浜 ●信夫山 ○和歌島
昭和4・3月	西前頭11枚目	5-6	●天竜 ○常陸島 ●武蔵山 ●玉碇 ○荒熊 ○常陸嶽 ●新海 ○出羽ヶ嶽 ○鏡岩 ●山錦 ●雷ノ峰
昭和4・夏	西前頭5枚目	2-9	●大ノ里 ●若葉山 ●常陸岩 ●山錦 ○新海 ●出羽ヶ嶽 ○常陸嶽 ●玉碇 ●信夫山 ●荒熊 ●武蔵山
昭和4・9月	西前頭5枚目	5-6	●常ノ花 ●常陸岩 ●大ノ里 ●常陸嶽 ○荒熊 ○信夫山 ●外ヶ浜 ○山錦 ●天竜 ○玉碇 ○武蔵山
昭和5・春	西前頭7枚目	2-9	●大ノ里 ●出羽ヶ嶽 ●常陸嶽 ●信夫山 ●伊勢ノ浜 ○荒熊 ●常陸島 ○外ヶ浜 ●綾桜 ●玉碇 ●山錦
昭和5・3月	西前頭7枚目	2-9	●天竜 ●伊勢ノ浜 ●出羽ヶ嶽 ●外ヶ浜 ●常陸嶽 ●常陸岩 ●玉錦 ○山錦 ●新海 ●和歌島 ○玉碇
昭和5・夏	西前頭15枚目	8-3	○若常陸 ○大島 ●肥州山 ●綾桜 ●藤ノ里 ○荒熊 ○常陸嶽 ○常陸島 ○駒錦 ○綾ノ浪 ○外ヶ浜
昭和5・10月	西前頭15枚目	6-5	●駒錦 ○綾桜 ○伊勢ノ浜 ●肥州山 ●綾ノ浪 ●外ヶ浜 ○若常陸 ○常陸島 ●大島 ○藤ノ里 ○出羽ヶ嶽

高登

幕内通算 106 勝 94 敗

昭和6・夏	西前頭15枚目	7-4	○新海 ○常盤野 ○大島 ●外ヶ浜 ○銚子灘 ●肥州山 ○伊勢ノ浜 ●羽後響 ○藤ノ里 ●高ノ花 ○大和錦
昭和6・10月	西前頭15枚目	8-3	○外ヶ浜 ●藤ノ里 ●大島 ○銚子灘 ○高ノ花 ○新海 ○大和錦 ○常盤野 ○常陸島 ○玉碇 ●出羽ヶ嶽
昭和7・春	東小結	3-5	●清水川 ○沖ツ海 ○能代潟 ●玉錦 ●武蔵山 ●若瀬川 ●幡瀬川 ○吉野山
昭和7・3月	東小結	2-4 4や	や や や や ○古賀ノ浦 ●武蔵山 ●大潮 ●幡瀬川 ○能代潟 ●清水川
昭和7・夏	西前頭筆頭	8-3	○出羽ヶ嶽 ●玉錦 ○能代潟 ○若葉山 ○幡瀬川 ●武蔵山 ○沖ツ海 ●清水川 ○若瀬川 ○旭川 ○古賀ノ浦
昭和7・10月	西前頭筆頭	9-2	○巴潟 ○沖ツ海 ●清水川 ○出羽ヶ嶽 ●能代潟 ○武蔵山 ○旭川 ○若瀬川 ○玉錦 ○幡瀬川 ○若葉山
昭和8・春	西関脇	7-4	○古賀ノ浦 ○鏡岩 ●出羽ヶ嶽 ○綾桜 ○沖ツ海 ●武蔵山 ●大邱山 ●玉錦 ○清水川 ○幡瀬川 ○能代潟
昭和8・夏	西関脇	9-2	○幡瀬川 ○若葉山 ○瓊ノ浦 ○大潮 ●武蔵山 ○筑波嶺 ○能代潟 ●玉錦 ○旭川 ○清水川 ○沖ツ海
昭和6・春	東前頭5枚目	4-7	●常陸島 ●天竜 ●大ノ里 ●肥州山 ●武蔵山 ○出羽ヶ嶽 ○外ヶ浜 ○伊勢ノ浜 ●常盤野 ○山錦 ●信夫山
昭和6・3月	東前頭5枚目	3-8	●常盤野 ●大ノ里 ●出羽ヶ嶽 ○銚子灘 ○駒錦 ●天竜 ●山錦 ○外ヶ浜 ●大島 ●伊勢ノ浜 ●常陸島
昭和6・夏	西前頭11枚目	5-6	●高ノ花 ○大潮 ●銚子灘 ●新海 ○大和錦 ●玉碇 ●綾桜 ○外ヶ浜 ●常盤野 ○和歌島 ○大島
昭和6・10月	東前頭11枚目	8-3	○大島 ●外ヶ浜 ●高ノ花 ○常盤野 ○大和錦 ○藤ノ里 ○新海 ○伊勢ノ浜 ○銚子灘 ●肥州山 ○山錦
昭和8・春	東前頭5枚目	5-6	○土州山 ●武蔵山 ●旭川 ●玉錦 ○出羽ヶ嶽 ○岩城山 ●瓊ノ浦 ○大邱山 ●吉野岩 ○古賀ノ浦 ○大浪
昭和8・夏	東前頭7枚目	5-6	●大邱山 ○駒ノ里 ●小野川 ●射水川 ○出羽ヶ嶽 ●錦華山 ●大浪 ○和歌島 ○瓊ノ浦 ○吉野岩 ●新海
昭和9・春	西前頭7枚目	2-9	●能代潟 ●新海 ●旭川 ●綾桜 ●出羽ノ花 ●吉野岩 ○銚子灘 ●巴潟 ●錦華山 ○九州山 ●綾昇
昭和9・夏	東前頭16枚目	5-6	○宝川 ●番神山 ○出羽ヶ嶽 ○錦華山 ●吉野岩 ○綾昇 ●大八州 ●射水川 ●出羽ノ花 ●綾若 ○津峰山

場所	地位	成績	対戦
昭和9・春	東関脇	全休	
昭和9・夏	東前頭3枚目	6-5	●幡瀬川 ○綾昇 ●玉錦 ○大邱山 ●綾川 ○鏡岩 ○瓊ノ浦 ●武蔵山 ○双葉山 ○巴潟 ●番神山
昭和10・春	西小結	6-5	●番神山 ○綾川 ○和歌島 ○巴潟 ●玉錦 ○清水川 ●綾昇 ●双葉山 ●武蔵山 ○大邱山 ○新海
昭和10・夏	西関脇	5-4 2や	○幡瀬川 ●旭川 ●鏡岩 ○綾川 ○巴潟 ○新海 ■玉錦 や や ●大潮 ○出羽ノ花
昭和11・春	西小結	3-8	●出羽湊 ●瓊ノ浦 ●旭川 ○出羽ノ花 ●武蔵山 ○番神山 ●磐石 ●巴潟 ●玉錦 ○大潮 ●清水川
昭和11・夏	東前頭5枚目	全休	
昭和12・春	西前頭11枚目	6-5	○出羽ノ花 ●綾川 ●鹿島洋 ○綾若 ○富ノ山 ●綾昇 ○新海 ○防長山 ○土州山 ●五ツ島 ●九州山
昭和12・夏	西前頭7枚目	6-7	○巴潟 ○新海 ●和歌島 ○大八州 ●楯甲 ○大浪 ●大邱山 ●名寄岩 ●金湊 ○笠置山 ●両国 ●出羽湊 ○九州山
昭和13・春	西前頭8枚目	6-7	●青葉山 ●和歌島 ●土州山 ○大浪 ●笠置山 ○錦華山 ○巴潟 ○大蛇潟 ●桂川 ●番神山 ○筑波嶺 ○小島川 ●金湊
昭和13・夏	東前頭13枚目	6-7	●綾錦 ○防長山 ●大和錦 ○桂川 ○綾若 ●番神山 ○出羽湊 ●駒ノ里 ●出羽ノ花 ●九州山 ○安芸ノ海 ○筑波嶺 ●笠置山
昭和14・春	東前頭16枚目	6-7	○金湊 ○番神山 ●青葉山 ●倭岩 ●出羽ノ花 ○肥州山 ●和歌島 ○大邱山 ●一渡 ●綾若 ●神武山 ○海光山 ○駒ノ里
昭和14・夏	東前頭17枚目	3-12	●照国 ●嶺巖 ○大邱山 ●相模川 ●出羽ノ花 ●神東山 ●藤ノ里 ●桂川 ●和歌島 ○倭岩 ●両国 ○番神山 ●綾若 ●若浪 ●駒ノ里

信州山

幕内通算 24 勝 31 敗

場所	地位	成績	対戦
昭和20・秋	東前頭13枚目	5-5	○立田野 ●大ノ海 ○若潮 ○愛知山 ○二瀬川 ●羽島山 ●常陸海 ○九州錦 ●双見山 ●輝昇
昭和21・秋	東前頭11枚目	8-5	○二瀬川 ●力道山 ●三根山 ○高津山 ○愛知山 ○大岩山 ○鶴ヶ嶺 ○十勝岩 ●輝昇 ●若潮 ○柏戸 ●琴錦 ○双見山
昭和22・夏	西前頭4枚目	1-9	●輝昇 ●羽黒山 ○三根山 ●佐賀ノ花 ●高津山 ●神風 ●柏戸 ●琴錦 ●十勝岩 ●力道山
昭和22・秋	西前頭12枚目	5-6	○大岩山 ●緑国 ●若潮 ○吉葉山 ○若葉山 ●鏡里 ○清水川 ○緑島 ●相模川 ●出羽錦 ●栃錦
昭和23・夏	西前頭15枚目	5-6	○九州錦 ●清水川 ●大岩山 ●吉葉山 ●大蛇潟 ○緑国 ○広瀬川 ○玉桜 ●若葉山 ●相模川 ○愛知山

場所	地位	成績	対戦
昭和23・秋	東前頭17枚目	全休	

大昇

幕内通算 139 勝 158 敗

場所	地位	成績	対戦
昭和26・春	東前頭16枚目	8-7	●桜錦 ○吉井山 ●神若 ○米川 ○大晃 ●鳴門海 ○増己山 ●羽島山 ●甲斐ノ山 ●宮城海 ○那智の山 ●信夫山 ○十勝岩 ○桜国 ○若嵐
昭和26・夏	東前頭14枚目	12-3 敢①	●増巳山 ○信夫山 ●鳴門海 ○琴ヶ浜 ○白龍山 ○宮城海 ○大起 ○吉井山 ○甲斐ノ山 ○緋縅 ○国登 ○備州山 ○琴錦 ●輝昇 ○広瀬川
昭和26・秋	西前頭2枚目	7-8	○若ノ花 ●東富士 ●備州山 ●千代ノ山 ●栃錦 ●照国 ●吉葉山 ○鳴門海 ○佐賀ノ花 ○三根山 ●琴錦 ○甲斐ノ山 ●出羽錦 ○輝昇 ○大起
昭和27・春	西前頭3枚目	6-9	○若瀬川 ●照国 ●羽島山 ○出羽錦 ●若ノ花 ○清水川 ●常ノ山 ●鳴門海 ○信夫山 ○大起 ○栃錦 ●千代ノ山 ●吉葉山 ●琴ヶ浜 ●琴錦
昭和27・夏	西前頭5枚目	6-9	●栃錦 ●出羽錦 ●千代ノ山 ○常ノ山 ●羽島山 ○鳴門海 ○二瀬山 ●若瀬川 ○国登 ●三根山 ○松登 ○琴錦 ●信夫山 ●大起 ●清水川
昭和27・秋	東前頭8枚目	全休	
昭和28・初	東前頭18枚目	10-5	○緋縅 ○羽島山 ○甲斐ノ山 ●常ノ山 ○藤田山 ○大天龍 ●九州錦 ●国登 ○島錦 ○五ツ洋 ●玉ノ海 ○大龍 ○若瀬川 ○鳴門海 ●吉井山
昭和28・春	東前頭12枚目	6-9	●五ツ洋 ○吉井山 ○緋縅 ○大天龍 ●神錦 ●甲斐ノ山 ●大蛇潟 ○羽島山 ●鶴ヶ嶺 ●大晃 ○広瀬川 ●常ノ山 ○輝昇 ●信夫山 ●大起
昭和28・夏	西前頭16枚目	8-7	●大天龍 ●緋縅 ●甲斐ノ山 ○出羽湊 ○吉井山 ●五ツ洋 ●大起 ●広瀬川 ○大晃 ○鶴ヶ嶺 ○九州錦 ●楯甲 ○東海 ○輝昇 ○備州山
昭和28・秋	東前頭14枚目	10-5	○大晃 ●羽島山 ○吉井山 ○広瀬川 ○緋縅 ○東海 ○常ノ山 ●成山 ●琴ヶ浜 ○五ツ洋 ○神錦 ○福ノ里 ●琴錦 ○輝昇 ●大蛇潟
昭和29・初	西前頭6枚目	6-9	●成山 ●大起 ●信夫山 ●琴ヶ浜 ○緋縅 ○大晃 ○常ノ山 ○鳴門海 ●二瀬山 ○輝昇 ●島錦 ○出羽錦 ●広瀬川 ●鶴ヶ嶺 ●玉ノ海
昭和29・春	東前頭10枚目	8-7	○鳴門海 ●成山 ●琴ヶ浜 ●島錦 ●大蛇潟 ●備州山 ●琴錦 ●若瀬川 ○出羽ノ花 ○常ノ山 ○東海 ○大起 ○大瀬川 ○吉井山 ○出羽湊
昭和29・夏	西前頭7枚目	7-8	○大起 ●信夫山 ●宮錦 ○出羽錦 ●島錦 ○輝昇 ●鳴門海 ●千代ノ山 ●栃錦 ○出羽湊 ●琴ヶ浜 ○緋縅 ○福ノ里 ●羽島山 ○成山
昭和29・秋	東前頭8枚目	9-6	●玉ノ海 ●琴錦 ●若瀬川 ○大起 ○鳴門海 ○二瀬山 ●若前田 ○鶴ヶ嶺 ○宮錦 ●常ノ山 ○大晃 ○成山 ○出羽ノ花 ○出羽湊 ●広瀬川
昭和30・初	西前頭5枚目	10-5	○栃錦 ○信夫山 ●千代の山 ●成山 ○国登 ○出羽錦 ○若瀬川 ●琴錦 ○鶴ヶ嶺 ○島錦 ●大起 ○羽島山 ●朝潮 ○常ノ山 ○清水川
昭和30・春	西前頭筆頭	2-13	●信夫山 ●千代の山 ●若ノ花 ●松登 □吉葉山 ●朝潮 ●栃錦 ●出羽錦 ●三根山 ●若瀬川 ○羽島山 ●玉ノ海 ●成山 ●琴ヶ浜 ●大起

昭和30・夏	西前頭8枚目	10-5	○二瀬山	●成山	○出羽湊	○鳴門海	○若ノ海	●栃光	○出羽錦	●大天龍	○羽島山	○国登	○常ノ山	●宮錦	○神錦	○桜国	●鶴ヶ嶺
昭和30・秋	東前頭4枚目	4-11	●松登	○信夫山	●千代の山	●大起	●若ノ花	●栃錦	○鳴門海	●栃光	●吉葉山	●出羽湊	○若ノ海	○鶴ヶ嶺	●朝潮	●羽島山	●大晃
昭和31・初	東前頭9枚目	5-10	●若ノ海	●出羽湊	●鶴ヶ嶺	●鳴門海	●大蛇潟	●大起	○桜国	●秀湊	●常ノ山	●出羽ノ花	●芳野嶺	○神生山	○広瀬川	○二瀬山	○星甲
昭和31・春	西前頭13枚目	4-11	○大蛇潟	●信夫山	●楯甲	●鳴門海	●常ノ山	○大晃	○大起	●秀湊	●緋縅	●出羽ノ花	●二瀬山	●神生山	○白竜山	●国登	●桜国
昭和31・夏	西前頭19枚目	1-11 3や	●白竜山	●岩風	●出羽の花	○二瀬山	●吉井山	●大起	●起雲山	●八染	●広瀬川	●神生山	●楯甲	●前ヶ潮	や	や	や

若嵐

幕内通算2勝13敗

昭和26・春	西前頭18枚目	2-13	●大晃	●宮城海	●神錦	●増巳山	●大蛇潟	●十勝岩	●常ノ山	●甲斐ノ山	●那智ノ山	○小坂川	○吉井山	●平ノ戸	●信夫山	●大起	●大昇

大鷲

幕内通算114勝156敗

昭和47・九州	東前頭12枚目	9-6	○巌虎	○羽黒岩	●二子岳	○時葉山	○北の湖	●琉王	●北瀬海	●大潮	●双津竜	○富士桜	○天竜	●義ノ花	○栃富士	○吉王山	○朝登
昭和48・初	西前頭6枚目	6-9	●旭国	○天竜	●栃東	○琉王	●福の花	●金剛	●二子岳	○若ノ海	○大旺	●陸奥嵐	●時葉山	●前の山	○若獅子	○北の湖	●高鉄山
昭和48・春	西前頭10枚目	9-6	●天竜	○凌駕	●富士桜	○大竜川	●義ノ花	●若ノ海	●若二瀬	○琉王	○巌虎	○二子岳	○豊山	○福の花	○金剛	●栃東	○時葉山
昭和48・夏	西前頭6枚目	6-9	○陸奥嵐	●高見山	●北瀬海	●若ノ海	●大潮	●栃東	○巌虎	●時葉山	○若二瀬	●琉王	●増位山	○高鉄山	●二子岳	●豊山	○羽黒岩
昭和48・名古屋	東前頭11枚目	8-7	●前の山	○天竜	○大旺	○二子岳	●大竜川	●豊山	○陸奥嵐	●若ノ海	○琉王	○北瀬海	●羽黒岩	○竜虎	○大潮	●双津竜	●増位山
昭和48・秋	西前頭9枚目	2-13	●福の花	●大錦	○前の山	●竜虎	●大潮	●金剛	○二子岳	●荒瀬	●天竜	●琉王	●吉王山	●羽黒岩	●双津竜	●増位山	●若ノ海
昭和49・秋	西前頭12枚目	9-6	●琉王	○鷲羽山	○天竜	○玉ノ富士	●吉王山	○富士桜	○北瀬海	●二子岳	●三重ノ海	○陸奥嵐	●福の花	○大潮	○白田山	●吉ノ谷	○栃東
昭和49・九州	東前頭9枚目	9-6	○羽黒岩	○吉ノ谷	○鷲羽山	○大旺	○大潮	●金城	●竜虎	○富士桜	●福の花	○増位山	●麒麟児	○二子岳	●玉ノ富士	○魁傑	●白田山
昭和50・初	西前頭3枚目	5-10	●大旺	○黒姫山	●輪島	●北の湖	○金城	○白田山	●若二瀬	●魁傑	●増位山	●福の花	○若ノ海	●豊山	●栃東	○竜虎	●大潮
昭和50・春	西前頭9枚目	3-12	●琉王	●二子岳	●豊山	●琴富士	●若獅子	●大竜川	○大旺	●北瀬海	●白田山	●播竜山	●大錦	●栃東	○福の花	●金剛	○吉ノ谷

場所	地位	成績	対戦
昭和50・秋	東前頭11枚目	8-7	○琴富士 ○福の花 ○栃東 ○大竜川 ●大潮 ○玉ノ富士 ●千代の富士 ●大峩 ●鷲羽山 ○北瀬海 ●金城 ○二子岳 ○天竜 ●青葉山 ●高見山
昭和50・九州	東前頭8枚目	8-7	○黒姫山 ●大潮 ○二子岳 ○青葉山 ●玉輝山 ○若獅子 ○栃東 ●豊山 ●大受 ●陸奥嵐 ●玉ノ富士 ●荒勢 ○増位山 ○播竜山 ○琴富士
昭和51・初	東前頭5枚目	6-9	●黒姫山 ○長谷川 ●荒勢 ●輪島 ○大峩 ●栃東 ●青葉城 ○金剛 ●陸奥嵐 ●播竜山 ●増位山 ○天竜 ●麒麟児 ○若三杉 ○富士桜
昭和51・春	東前頭10枚目	9-6	○金剛 ○大潮 ●若獅子 ●二子岳 ●魁輝 ●富士桜 ○大峩 ○陸奥嵐 ●琴富士 ○琉王 ○栃東 ●青葉山 ○玉ノ富士 ○小沼 ○麒麟児
昭和51・夏	西前頭3枚目	3-12	●大受 ●貴ノ花 ●輪島 ●魁輝 ●三重ノ海 ●豊山 ●荒勢 ●若獅子 ○大潮 ●栃東 ●富士桜 ○玉輝山 ○増位山 ●双津竜 ●青葉山
昭和51・名古屋	東前頭12枚目	8-7	●隆ノ里 ○黒姫山 ○大峩 ○魁輝 ○双津竜 ●大潮 ●若獅子 ●増位山 ●大竜川 ○播竜山 ○栃東 ●大受 ●玉輝山 ○羽黒岩 ○千代桜
昭和51・秋	西前頭9枚目	5-10	●増位山 ○双津竜 ○大豪 ●千代桜 ●大錦 ●魁輝 ●大受 ●栃東 ○羽黒岩 ●琴ヶ嶽 ●鷲羽山 ●大潮 ●荒勢 ○若獅子 ○青葉城
昭和51・九州	東前頭13枚目	1-14	●隆ノ里 ●大ノ海 ●青葉城 ●羽黒岩 ●大竜川 ●若ノ海 ●琴ヶ嶽 ●琴富士 ●大登 ●栃東 ●安達 ●大潮 ●吉ノ谷 ○播竜山 ●北瀬海

御嶽海

幕下、十両、幕内全成績

通算110勝67敗2休

場所	地位	成績	対戦
平成27・春	幕下10枚目	6-1	○明生 ●大翔鵬 ○照強 ○磋牙司 ○宝香鵬 ○肥後嵐 ○川端
平成27・夏	東幕下3枚目	6-1	●正代 ○魁 ○双大竜 ○徳真鵬 ○大翔丸 ○安彦 ○東龍
平成27・名古屋	西十両12枚目	11-4	○明瀬山 ○徳真鵬 ○玉飛鳥 ○高立 ○翔天狼 ○若乃島 ○大道 ○千代皇 ●北磻磨 ●常幸龍 ○朝赤龍 ○蒼国来 ●大栄翔 ○錦木 ●千代鳳
平成27・秋	西十両5枚目	12-3	○旭日松 ○里山 ○常幸龍 ●松鳳山 ○荒鷲 ○貴ノ岩 ○若乃島 ○大翔丸 ●豊響 ●正代 ○輝 ○阿武咲 ○富士東 ○英乃海 ○明瀬山
平成27・九州	西前頭11枚目	8-7	○豪風 ○高安 ●蒼国来 ●松鳳山 ○豊響 ○玉鷲 ●臥牙丸 ●千代鳳 ○北太樹 ●宝富士 ●旭秀鵬 ●千代大龍 ○阿夢露 ○佐田の海 ○誉富士
平成28・初	西前頭10枚目	5-8 2や	○千代鳳 ○遠藤 ○佐田の海 ●高安 ●正代 ●臥牙丸 ●千代大龍 ■徳勝龍 や や ●誉富士 ○豊響 ○玉鷲 ●碧山 ●旭秀鵬
平成28・春	西前頭13枚目	10-5	●大翔丸 ○大英翔 ○千代鳳 ○英乃海 ●逸ノ城 ○北太樹 ●臥牙丸 ○明瀬山 ○阿夢露 ●徳勝龍 ●魁聖 ○里山 ○妙義龍 ○千代大龍 ○正代
平成28・夏	西前頭8枚目	11-4 敢①	○豊ノ島 ○大砂嵐 ●蒼国来 ○徳勝龍 ●高安 ○千代鳳 ○豪風 ○栃煌山 ○栃ノ心 ●遠藤 ○貴ノ岩 ●松鳳山 ○錦木 ○臥牙丸 ○大翔丸

平成28・名古屋	東前頭筆頭	5-10	●稀勢の里 ●鶴竜 ●白鵬 ●日馬富士 ●琴奨菊 ○照ノ富士 ●豪栄道 ●魁聖 ○琴勇輝 ●正代 ●栃ノ心 ○松鳳山 ○勢 ●蒼国来 ○徳勝龍
平成28・秋	西前頭5枚目	10-5	○千代の国 ○千代鳳 ○玉鷲 ●豪風 ●嘉風 ○琴勇輝 ○荒鷲 ●隠岐の海 ○貴ノ岩 ○勢 ●遠藤 ○高安 ●琴奨菊 ○宝富士
平成28・九州	東小結	6-9	●鶴竜 ○琴奨菊 ●高安 ●豪栄道 ●照ノ富士 ●稀勢の里 ●日馬富士 ●白鵬 ○栃煌山 ○碧山 ●魁聖 ○玉鷲 ●嘉風 ○隠岐の海 ○千代の国
平成29・初	西前頭筆頭	11-4 技①	○豪栄道 ○日馬富士 ●白鵬 ○鶴竜 ●稀勢の里 ○琴奨菊 ●照ノ富士 ○高安 ○玉鷲 ○正代 ○豪風 ○宝富士 ●蒼国来 ○北勝富士 ○千代の国
平成29・春	東小結	9-6	●鶴竜 ○松鳳山 ○玉鷲 ●高安 □白鵬 ●琴奨菊 ●稀勢の里 ●照ノ富士 ○正代 ○勢 ●日馬富士 ○豪風 ○蒼国来 ○千代の国 ○栃煌山

長野県出身力士一覧

１年６場所制になった昭和 33（1958）年初場所以降。九は九州場所、名は名古屋場所。★は現役

	初土俵	本名	しこ名	出身地	部屋	最高位
昭和	26 年夏	萩原　染太	佐久昇	佐賀村	立　浪	十両 6 枚目
	27 年夏	伊藤　治雄	伊那登	松川町	大　山	幕下筆頭
	夏	山本　幸一	信濃花	篠ノ井町	出羽海	幕下 6
	29 年秋	丸山　繁		西寺尾	荒　磯	三段目 29
	30 年初	萩原賢一郎	佐久錦	五賀村	高　島	三段目 67
	春	深沢　了	深　登	楢川村	佐野山	幕下 64
	31 年初	鈴木　勝政	飯綱山	長野市	若　松	三段目 53
	春	成沢　正行	柏　風	丸子町	伊勢ノ海	幕下 28
	秋	行田　敬章	諏訪登	原　村	大　山	三段目 35
	33 年九	岡村　正司	小　錦	松川村	高　砂	幕下 29
	34 年春	長岡　光春	和田錦	小諸市	花　籠	序二段 100
	春	増沢　良雄	岡　錦	岡谷市	錦　島	序二段 68
	夏	徳武　幸一	高千曲	戸隠村	佐渡ヶ嶽	序二段 99
	36 年春	曽我　秀二	曽我ノ国	上田市	春日野	幕下 53
	春	出沢亥久男		浅間町	花　籠	三段目 15
	秋	小野　勝弘	小野光	上伊那郡	伊勢ヶ濱	序二段 64
	37 年秋	伊藤　平	大　鷲	佐久市	若　松	幕内 3 枚目
	38 年春	柳橋　明徳		東部町	二所ノ関	幕下 19
	九	行田　和道	諏訪錦	諏訪市	高　砂	三段目 57
	39 年春	坂口　周次	桂田山	真田町	木　瀬	序二段 57
	春	大池　邦		小諸市	二所ノ関	序二段 67
	40 年夏	山岡　昌基		松本市	花　籠	三段目 32
	夏	松井　章	松本山	松本市	若　松	序二段 92
	42 年九	竹内　睦夫	峠	戸倉町	花　籠	序二段 69
	44 年春	庄司　茂	諏訪響	岡谷市	伊勢ノ海	幕下 60
	夏	井出　幸雄	磊　電	小諸市	伊勢ヶ濱	幕下 6
	49 年春	小池　岳雄	信州山	岡谷市	伊勢ノ海	序二段 8
	51 年春	大辻　和己		上田市	時津風	序二段 46
	52 年春	渡部　博史	長の山	上山田温泉	宮城野	三段目 52
	55 年初	佐野　雅彦		松本市	花　籠	幕下 60
	春	田村　新一		長野市	押尾川	序ノ口 57
	秋	篠宮　弘行		上田市	出羽海	序二段 12
	秋	遠藤　彰	若　旭	松本市	大　島	番付外
	56 年夏	中沢　宏	浅間山	佐久市	高　砂	序二段 78
	秋	塩沢　健太		上山田温泉	伊勢ノ海	幕下 37
	58 年春	堀内　隆司	坂城藤	坂城町	伊勢ノ海	序二段 96

	初土俵	本名	しこ名	出身地	部屋	最高位
昭和	春	金田　紀元	天竜川	飯田市	井　筒	三段目 12
	春	竹内　博行		長野市	放　駒	幕下 37
	59 年春	奈良　靖司	琴奈良	上田市	佐渡ヶ嶽	序二段 90
	60 年名	唐沢　秀幸		塩尻市	高　砂	序二段 62
	62 年春	柳沢　淳	佐久の海	御代田町	高　砂	三段目 24
	春	太田　純	琴太田	穂高町	佐渡ヶ嶽	序ノ口 60
	63 年名	下澤　吉雄	昴	飯田市	高　砂	幕下 10
平成	元年春	西沢　幸一		上田市	春日野	序二段 99
	3 年春	元木　直人	栃信濃	上田市	春日野	序二段 94
	夏	大嶋　薫	朝乃嶋	飯田市	若　松	序二段 107
	4 年春	古屋　成階	鷹　龍	上松町	花　籠	三段目 37
	秋	森山　嘉亮	玉信山	須坂市	片男波	序二段 146
	九	宮下　司	宝　剣	駒ヶ根市	入間川	序二段 38
	5 年春	伊藤　透	朝　鷲	佐久市	若　松	序二段 42
	春	東海林　裕		飯田市	高　砂	三段目 28
	春	竹村　恭明		長野市	九　重	序ノ口 63
	春	宮原　龍吾		更埴市	花　籠	序二段 176
	6 年春	羽賀　哲哉		岡谷市	甲　山	序二段 178
	春	立岩　優介	安立富士	長野市	安治川	三段目 22
	7 年春	山極　進		上田市	放　駒	序ノ口 52
	秋	諸隈　将	睦　錦	長野市	花　籠	三段目 5
	10 年秋	小山　臣市	隆小山	長野市	鳴　戸	幕下 7
	12 年春	高橋　大樹	若大鬼	本島本村	花　籠	序二段 60
	春	小川　和生		須坂市	鳴　戸	序二段 98
	13 年春	山崎　英旗	旭鵬山	坂城町	大　島	幕下★
	秋	原　伸浩	信濃川	須坂市	武蔵川	序二段 57
	14 年名	増田　聡	栃大河	長野市	春日野	三段目 32
	名	伊藤　隆道	安　積	長野市	安治川	三段目 93
	16 年春	池戸　彰	駒　司	駒ヶ根市	入間川	三段目 46
	17 年春	和木　勝義	高三郷	安曇野市	東　関	幕下★
	18 年春	寺澤　知宏	荒飛	上田市	伊勢ノ海	序二段 286
	19 年春	満木　旭人	六文銭	上田市	伊勢ノ海	序二段 68
	20 年春	本木　一美	本木山	松本市	玉ノ井	三段目★
	24 年春	茅野　峰大	銀星山	諏訪市	大嶽	三段目★
		宇留賀　響	琴宇留賀	松本市	佐渡ヶ嶽	序二段★
		青木　来海	貴英来	小諸市	貴乃花	序二段 6
	25 年春	松田　誉彦	満津田	飯田市	峰崎	三段目★
		今村　祐介	信州錦	飯田市	錦戸	三段目 87
	26 年九	山本　正克	山本	長野市	玉ノ井	三段目★
	27 年春	大道　久司	御嶽海	上松町	出羽海	小結★
	28 年春	大友　駿平	琴大友	軽井沢町	佐渡ヶ嶽	序二段★
	29 年春	松岡　裕輔	松岡	上田市	東関	序ノ口★

歴代横綱一覧

（カッコ内は出身地）

江戸時代に横綱昇進

初代　明石　志賀之助（栃木県）
2代目　綾川　五郎次（栃木県）
3代目　丸山　権太左衛門（宮城県）
4代目　谷風　梶之助（宮城県）
5代目　小野川　喜三郎（滋賀県）
6代目　阿武松　緑之助（石川県）
7代目　稲妻　雷五郎（茨城県）
8代目　不知火　諾右衛門（熊本県）
9代目　秀ノ山　雷五郎（宮城県）
10代目　雲龍　久吉（福岡県）
11代目　不知火　光右衛門（熊本県）
12代目　陣幕　久五郎（島根県）

明治時代に横綱昇進

13代目　鬼面山　谷五郎（岐阜県）
14代目　境川　浪右衛門（千葉県）
15代目　梅ヶ谷　藤太郎（初代、福岡県）
16代目　西ノ海　嘉治郎（初代、鹿児島県）
17代目　小錦　八十吉（千葉県）
18代目　大砲　万右衛門（宮城県）
19代目　常陸山　谷右衛門（茨城県）
20代目　梅ヶ谷　藤太郎（二代、富山県）
21代目　若島　権四郎（千葉県）
22代目　太刀山　峰右衛門（富山県）

大正時代に横綱昇進

23代目　大木戸　森右衛門（兵庫県）
24代目　鳳　谷五郎（千葉県）
25代目　西ノ海　嘉治郎（二代、鹿児島県）
26代目　大錦　卯一郎（大阪府）
27代目　栃木山　守也（栃木県）
28代目　大錦　大五郎（愛知県）
29代目　宮城山　福松（岩手県）
30代目　西ノ海　嘉治郎（三代、鹿児島県）
31代目　常ノ花　寛市（岡山県）

昭和戦前に横綱昇進

32代目　玉錦　三右衛門（高知県）
33代目　武蔵山　武（神奈川県）

34代目　男女ノ川　登三（茨城県）
35代目　双葉山　定次（大分県）
36代目　羽黒山　政司（新潟県）
37代目　安芸ノ海　節男（広島県）
38代目　照国　万蔵（秋田県）

昭和戦後に横綱昇進

39代目　前田山　英五郎（愛媛県）
40代目　東富士　欽壱（東京都）
41代目　千代の山　雅信（北海道）
42代目　鏡里　喜代治（青森県）
43代目　吉葉山　潤之輔（北海道）
44代目　栃錦　清隆（東京都）
45代目　若乃花　幹士（初代、青森県）
46代目　朝潮　太郎（鹿児島県）
47代目　柏戸　剛（山形県）
48代目　大鵬　幸喜（北海道）
49代目　栃ノ海　晃嘉（青森県）
50代目　佐田の山　晋松（長崎県）
51代目　玉の海　正洋（愛知県）
52代目　北の富士　勝昭（北海道）
53代目　琴桜　傑将（鳥取県）
54代目　輪島　大士（石川県）
55代目　北の湖　敏満（北海道）
56代目　若乃花　幹士（二代、青森県）
57代目　三重ノ海　剛司（三重県）
58代目　千代の富士　貢（北海道）
59代目　隆の里　俊英（青森県）
60代目　双羽黒　光司（三重県）
61代目　北勝海　信芳（北海道）
62代目　大乃国　康（北海道）

平成時代に横綱昇進

63代目　旭富士　正也（青森県）
64代目　曙　太郎（米国）
65代目　貴乃花　光司（東京都）
66代目　若乃花　勝（東京都）
67代目　武蔵丸　光洋（米国）
68代目　朝青龍　明徳（モンゴル）
69代目　白鵬　翔（モンゴル）
70代目　日馬富士　公平（モンゴル）
71代目　鶴竜　力三郎（モンゴル）
72代目　稀勢の里　寛（茨城県）

外国出身幕内力士番付

平成 29 年春場所現在、★印は現役

曙（米国）	横綱	武蔵丸（米国）
朝青龍（モンゴル）	同	★白鵬（モンゴル）
★日馬富士（モンゴル）	同	★鶴竜（モンゴル）
小錦（米国）	大関	琴欧洲（ブルガリア）
把瑠都（エストニア）	同	★照ノ富士（モンゴル）
高見山（米国）	関脇	旭天鵬（モンゴル）
★朝赤龍（モンゴル）	同	阿覧（ロシア）
★碧山（ブルガリア）	同	★栃ノ心（ジョージア）
★逸ノ城（モンゴル）	同	★魁聖（ブラジル）
★玉鷲（モンゴル）	同	
旭鷲山（モンゴル）	小結	黒海（ジョージア）
露鵬（ロシア）	同	時天空（モンゴル）
白馬（モンゴル）	同	★臥牙丸（ジョージア）
若ノ鵬（ロシア）	前頭 1	徳瀬川（モンゴル）
★大砂嵐（エジプト）	1	
南海龍（サモア）	2	白露山（ロシア）
★翔天狼（モンゴル）	2	★荒鷲（モンゴル）
★蒼国来（中国）	2	★貴ノ岩（モンゴル）
春日王（韓国）	3	
★旭秀鵬（モンゴル）	4	
★阿夢露（ロシア）	5	
猛虎浪（モンゴル）	6	★千代翔馬（モンゴル）
龍皇（モンゴル）	8	
★鏡桜（モンゴル）	9	
光龍（モンゴル）	11	
大和（米国）	12	戦闘竜（米国）
隆の山（チェコ）	12	
★東龍（モンゴル）	14	★青狼（モンゴル）

平成年代の大関昇進力士一覧

平成29年春場所現在。★印は横綱

	部屋	出身地
霧島	井筒	鹿児島県
★曙	東関	米国ハワイ
★貴乃花	二子山	東京都
★若乃花	二子山	東京都
貴ノ浪	二子山	青森県
★武蔵丸	武蔵川	米国ハワイ
千代大海	九重	大分県
出島	武蔵川	石川県
武双山	武蔵川	茨城県
雅山	武蔵川	茨城県
魁皇	友綱	福岡県
栃東	玉ノ井	東京都
★朝青龍	高砂	モンゴル
琴欧洲	佐渡ヶ嶽	ブルガリア
★白鵬	宮城野	モンゴル
琴光喜	佐渡ヶ嶽	愛知県
★日馬富士	伊勢ケ濱	モンゴル
把瑠都	尾上	エストニア
琴奨菊	佐渡ヶ嶽	福岡県
★稀勢の里	田子ノ浦	茨城県
★鶴竜	井筒	モンゴル
豪栄道	境川	大阪府
照ノ富士	伊勢ケ濱	モンゴル

相撲部屋一覧

浅香山《あさかやま》部屋

〒130-0021 東京都墨田区緑 4-21-1

元大関魁皇の浅香山親方が平成26年初場所後に友綱部屋から内弟子2人を連れて独立

師匠 浅香山 博之
しこ名 大関 魁皇《かいおう》
本名 古賀 博之
生年月日 昭和47年7月24日生
出身地 福岡県
生涯戦歴 1047勝700敗158休
優勝5回／殊勲賞10回／敢闘賞5回

朝日山《あさひやま》部屋

〒273-0128 千葉県鎌ケ谷市くぬぎ山 2-1-5

優勝2回の元関脇琴錦。年寄名跡取得に苦労したが、引退後16年目に念願の部屋を創立

師匠 朝日山 宗功
しこ名 関脇 琴錦《ことにしき》
本名 松澤 英行
生年月日 昭和43年6月8日生
出身地 群馬県
生涯戦歴 663勝557敗58休
優勝2回／殊勲賞7回／敢闘賞3回／技能賞8回

東関《あずまぜき》部屋

〒130-0005 東京都墨田区東駒形 4-6-4

ハワイ出身高見山の東関親方の定年に伴って愛弟子の潮丸が部屋を継承した

師匠 東関 大五郎
しこ名 前頭十枚目 潮丸《うしおまる》
本名 佐野 元泰
生年月日 昭和53年5月11日生
出身地 静岡県
生涯戦歴 482勝448敗51休

荒汐《あらしお》部屋

〒103-0007 東京都中央区日本橋浜町 2-47-2

新潟県出身の元小結大豊が時津風部屋から独立。平成14年6月に荒汐部屋をスタートさせた

師匠 荒汐 崇司
しこ名 小結 大豊《おおゆたか》
本名 鈴木 栄二
生年月日 昭和30年3月29日生
出身地 新潟県
生涯戦歴 383勝347敗42休

伊勢《いせ》ヶ《が》濱《はま》部屋

〒135-0001 東京都江東区毛利 1-7-4

元横綱の旭富士が元関脇陸奥嵐の安治川部屋を継承したのちに名跡を変更。名門部屋の総帥に収まった

師匠 伊勢ヶ濱 正也
しこ名 横綱 旭富士《あさひふじ》
本名 杉野森 正也
生年月日 昭和35年7月6日生
出身地 青森県
生涯戦歴 575勝324敗35休
優勝4回／殊勲賞2回／敢闘賞2回／技能賞5回

本名 後藤 哲雄
生年月日 昭和 33 年 4 月 25 日生
出身地 愛知県
生涯戦歴 465 勝 448 敗 27 休
敢闘賞 1 回／技能賞 1 回

追手風《おいてかぜ》部屋

〒340-0022 埼玉県草加市瀬崎 5-32-22

現役時代は立浪部屋に所属。年寄になってから友綱部屋に移籍。そして平成 10 年に独立した。部屋には人気者・遠藤がいる

師匠　追手風 直樹

しこ名 前頭二枚目　大翔山《だいしょうやま》
本名 山崎 直樹
生年月日 昭和 41 年 7 月 7 日生
出身地 石川県
生涯戦歴 266 勝 252 敗 33 休
敢闘賞 1 回

阿武松《おうのまつ》部屋

〒275-0014 千葉県習志野市鷺沼 5-15-14

現役時代"白いウルフ"と言われた元関脇の益荒男が平成 6 年秋場所後に部屋を興した

師匠　阿武松 広生

しこ名 関脇　益荒雄《ますらお》
本名 手島 広生
生年月日 昭和 36 年 6 月 27 日生
出身地 福岡県
生涯戦歴 387 勝 329 敗 86 休
殊勲賞 2 回／敢闘賞 2 回／技能賞 1 回

大嶽《おおたけ》部屋

〒135-0024 東京都江東区清澄 2-8-3

伊勢ノ海《いせのうみ》部屋

〒112-0011 東京都文京区千石 1-22-2

江戸時代からの"老舗"。横綱柏戸が育った部屋で、現伊勢ノ海親方は元前頭 3 枚目の北勝鬨

師匠　伊勢ノ海 準人

しこ名 前頭三枚目　北勝鬨《きたかちどき》
本名 久我 準人
生年月日 昭和 41 年 1 月 1 日生
出身地 北海道
生涯戦歴 710 勝 732 敗 22 休

井筒《いづつ》部屋

〒130-0026 東京都墨田区両国 2-2-7

元関脇逆鉾が師匠。先代井筒親方は父親の元関脇鶴ヶ嶺。横綱の鶴竜がいるが、後に続く力士が育っていない

師匠　井筒 好昭

しこ名 関脇　逆鉾《さかほこ》
本名 福薗 好昭
生年月日 昭和 36 年 6 月 18 日生
出身地 鹿児島県
生涯戦歴 551 勝 567 敗 29 休
殊勲賞 5 回／技能賞 4 回

入間川《いるまがわ》部屋

〒338-0006 埼玉県さいたま市中央区八王子 3-32-12

日大相撲部出身の元関脇栃司が春日野部屋から独立。埼玉県に部屋を構えている

師匠　入間川 哲雄

しこ名 関脇　栃司《とちつかさ》

生年月日 昭和45年3月21日生
出身地 熊本県
生涯戦歴 447勝495敗18休
殊勲賞1回

鏡山《かがみやま》部屋

〒124-0024 東京都葛飾区新小岩3-28-21
平幕優勝の経験がある元関脇多賀竜が平成8年に元横綱柏戸の先代鏡山親方急逝で引き継いだ

師匠 鏡山 昇司
しこ名 関脇 多賀竜《たがりゅう》
本名 黒谷 昇
生年月日 昭和33年2月15日生
出身地 茨城県
生涯戦歴 561勝621敗10休
優勝1回／敢闘賞1回／技能賞1回

春日野《かすがの》部屋

〒130-0026 東京都墨田区両国1-7-11
栃木山→栃錦→栃ノ海の横綱3代が続いた後に関脇栃乃和歌が平成15年2月に春日野部屋を継承

師匠 春日野 清隆
しこ名 関脇 栃乃和歌《とちのわか》
本名 綛田 清隆
生年月日 昭和37年5月22日生
出身地 和歌山県
生涯戦歴 588勝621敗19休
殊勲賞2回／敢闘賞3回／技能賞1回

片男波《かたおなみ》部屋

〒130-0011 東京都墨田区石原1-33-9
中大相撲部出身の元関脇玉春日が玉ノ富士の後を受け、平成22年「大鵬部屋」が前身。大鵬親方の定年後に娘婿の貴闘力が部屋を継いだが、トラブル続きで元十両の大竜が部屋経営を任された

師匠 大嶽 忠博
しこ名 十両四枚目 大竜《だいりゅう》
本名 佐藤 忠博
生年月日 昭和35年9月30日生
出身地 大阪府
生涯戦歴 555勝509敗28休

尾車《おぐるま》部屋

〒135-0024 東京都江東区清澄2-15-5
元大関の琴風が内弟子5人を連れて昭和62年3月に佐渡ヶ嶽部屋から独立。豪風、嘉風のベテラン力士が健闘している

師匠 尾車 浩一
しこ名 大関 琴風《ことかぜ》
本名 中山 浩一
生年月日 昭和32年4月26日生
出身地 三重県
生涯戦歴 561勝352敗102休
優勝2回／殊勲賞3回／敢闘賞2回／技能賞1回

尾上《おのえ》部屋

〒146-0082 東京都大田区池上8-8-8
東京都大田区に部屋がある。エストニアの怪人と言われた把瑠都がいた部屋として知られている。尾上親方は日大相撲部出身

師匠 尾上《おのえ》 圭志
しこ名 小結 濱ノ嶋《はまのしま》
本名 濱洲 圭志

優勝3回／殊勲賞1回／敢闘賞1回／技能賞3回

境川部屋《さかいがわ》

〒121-0831 東京都足立区舎人 4-3-16

出羽海部屋所属だった元小結両国が平成10年に「中立部屋」として独立。15年初場所後に「境川部屋」と看板を書き換えた

師匠　境川 豪章

しこ名　小結　両国《りょうごく》

本名　小林 秀昭

生年月日　昭和37年7月30日生

出身地　長崎県

生涯戦歴　316勝313敗20休

殊勲賞1回／敢闘賞1回

佐渡ヶ嶽部屋《さどがたけ》

〒272-2215 千葉県松戸市串崎南町 39

元横綱琴桜の先代佐渡ヶ嶽部屋親方の娘婿となった元関脇琴ノ若が先代定年後の平成17年11月に継承

師匠　佐渡ヶ嶽 満宗

しこ名　関脇　琴ノ若《ことのわか》

本名　鎌谷 満也

生年月日　昭和43年5月15日生

出身地　山形県

生涯戦歴　785勝764敗100休

殊勲賞2回／敢闘賞5回

式秀部屋《しきひで》

〒301-0032 茨城県龍ヶ崎市佐貫 4-17-17

時津風部屋の力士だった元小結大潮定年後に、出羽海一門の元前頭秋場所後から後進の指導に当たっている

師匠　片男波 良二

しこ名　関脇　玉春日《たまかすが》

本名　松本 良二

生年月日　昭和47年1月7日生

出身地　愛媛県

生涯戦歴　603勝636敗39休

殊勲賞1回／敢闘賞2回／技能賞2回

木瀬部屋《きせ》

〒130-0023 東京都墨田区立川 1-16-8

師匠は前頭筆頭の肥後ノ海。幕内を10年近く務めたが、三賞受賞は一度もなく、地味な存在だった。いまは角界一の勢力を誇る

師匠　木村 瀬平

しこ名　前頭筆頭　肥後ノ海《ひごのうみ》

本名　坂本 直人

生年月日　昭和44年9月23日生

出身地　熊本県

生涯戦歴　407勝476敗80休

九重部屋《ここのえ》

〒130-0011 東京都墨田区石原 4-22-4

元横綱千代の富士が平成28年7月に62歳で急逝。弟子の元大関千代大海が遺志を継いで後継者に納まった

師匠　九重 龍二

しこ名　大関　千代大海《ちよたいかい》

本名　須藤 龍二

生年月日　昭和51年4月29日生

出身地　大分県

生涯戦歴　771勝528敗115休

優勝2回／殊勲賞5回／敢闘賞2回

高砂部屋《たかさご》

〒130-0004 東京都墨田区本所3-5-4

明治の初めからあった高砂部屋。現在の高砂親方は学生相撲出身の元大関朝潮。モンゴル人横綱朝青龍が一時代を作った

師匠　高砂 浦五郎

しこ名　大関　朝潮《あさしお》

本名　長岡 末弘

生年月日　昭和30年12月9日生

出身地　高知県

生涯戦歴　564勝382敗33休

優勝1回／殊勲賞10回／敢闘賞3回／技能賞1回

高田川部屋《たかだがわ》

〒135-0024 東京都江東区清澄2-15-7

大関貴ノ花の愛弟子だった元関脇の安芸乃島が、紆余曲折を経て一門外の高田川部屋を継承。熱心な指導で知られる

師匠　高田川 勝巳

しこ名　関脇　安芸乃島《あきのしま》

本名　山中 勝巳

生年月日　昭和42年3月16日生

出身地　広島県

生涯戦歴　822勝757敗78休

殊勲賞7回／敢闘賞8回／技能賞4回

貴乃花部屋《たかのはな》

〒136-0074 東京都江東区東砂4-7-6

一代年寄貴乃花が平成16年4月に「二子山部屋」を継承。部屋名9枚目北桜（北の湖部屋）が平成25年初場所前に年寄名跡を譲り受ける

師匠　式守 秀五郎

しこ名　前頭九枚目　北桜《きたざくら》

本名　向 英俊

生年月日　昭和46年12月15日生

出身地　広島県

生涯戦歴　713勝711敗15休

錣山部屋《しころやま》

〒135-0024 東京都江東区清澄3-6-2

人気力士だった元小結寺尾が井筒部屋から独立して、引退4年後に錣山部屋をスタートさせた

師匠　錣山 矩幸

しこ名　関脇　寺尾《てらお》

本名　福薗 好文

生年月日　昭和38年2月2日生

出身地　鹿児島県

生涯戦歴　860勝938敗58休

殊勲賞3回／敢闘賞3回／技能賞1回

芝田山部屋《しばたやま》

〒168-0072 東京都杉並区高井戸東2-26-9

元大関魁傑の放駒親方の弟子だった元横綱大乃国。満を持して引退から8年経って部屋経営に乗り出した

師匠　芝田山 康

しこ名　横綱　大乃国《おおのくに》

本名　青木 康

生年月日　昭和37年10月9日生

出身地　北海道

生涯戦歴　560勝319敗107休

玉ノ井《たまのい》部屋

〒123-0841 東京都足立区西新井 4-1-1

元関脇の先代栃東が平成２年に春日野部屋から独立。先代栃東の実子が現在の元大関栃東。21 年９月に継承した

師匠　玉ノ井 太祐

しこ名　大関　栃東《とちあずま》

本名　志賀 太祐

生年月日　昭和 51 年 11 月９日生

出身地　東京都

生涯戦歴　560 勝 317 敗 169 休

優勝３回／殊勲賞３回／敢闘賞２回／技能賞７回

千賀ノ浦《ちがのうら》部屋

〒111-0023 東京都台東区橋場 1-16-5

元小結隆三杉が平成 28 年４月に元関脇舛田山から部屋を譲り受けた。新千賀ノ浦部屋親方 56 歳のスタートだ

師匠　千賀ノ浦 太一

しこ名　小結　隆三杉《たかみすぎ》

本名　金尾 隆

生年月日　昭和 36 年３月１日生

出身地　神奈川県

生涯戦歴　720 勝 753 敗 46 休

出羽海《でわのうみ》部屋

〒130-0026 東京都墨田区両国 2-3-15

「角聖」と言われた元横綱常陸山が一代で大部屋に育てた。10 人を越す横綱を輩出させた名門。御嶽海に期待がかかる

を「貴乃花部屋」とした

師匠　貴乃花 光司

しこ名　横綱　貴乃花《たかのはな》

本名　花田 光司

生年月日　昭和 47 年８月 12 日生

出身地　東京都

生涯戦歴　794 勝 262 敗 201 休

優勝 22 回／殊勲賞４回／敢闘賞２回／技能賞３回

田子ノ浦《たごのうら》部屋

〒133-0052 東京都江戸川区東小岩 4-9-20

旧鳴戸部屋といったほうが分かりやすいかも。田子ノ浦親方は元前頭８枚目の隆の鶴。横綱稀勢の里を巧くリードしてほしい

師匠　田子ノ浦 伸一

しこ名　前頭八枚目　隆の鶴《たかのつる》

本名　積山 伸一

生年月日　昭和 51 年６月 18 日生

出身地　鹿児島県

生涯戦歴　393 勝 364 敗 70 休

立浪《たつなみ》部屋

〒300-2358 茨城県つくばみらい市陽光台 4-3-4

茨城県の相撲部屋。かつては「立浪・伊勢ヶ濱一門」だったが、現在は貴乃花グループの一員

師匠　立浪 耐治

しこ名　小結　旭豊《あさひゆたか》

本名　市川 耐治

生年月日　昭和 43 年９月 10 日生

出身地　愛知県

生涯戦歴　364 勝 341 敗 26 休

殊勲賞１回／敢闘賞１回

鳴戸《なると》部屋

〒130-0003 東京都墨田区横川 2-14-7

元大関琴欧洲が佐渡ヶ嶽部屋から独立して平成 29 年 4 月にスタート。ヨーロッパ出身の相撲部屋親方は初めて。指導力が注目される

師匠　鳴戸 勝紀

しこ名　大関　琴欧洲《ことおうしゅう》

本名　安藤 カロヤン

生年月日　昭和 58 年 2 月 19 日生

出身地　ブルガリア

生涯戦歴　537 勝 337 敗 63 休

優勝 1 回／殊勲賞 2 回／敢闘賞 3 回

中川《なかがわ》部屋

〒210-0811 神奈川県川崎市川崎区大師河原 2-5-3

消滅した旧春日山部屋の力士たちを再出発させるために所属していた追手風部屋から独立

師匠　中川 憲治

しこ名　前頭十四枚目　旭里《あさひさと》

本名　増田 憲治

生年月日　昭和 40 年 11 月 9 日生

出身地　大阪府

生涯戦歴　553 勝 543 敗 3 休

錦戸《にしきど》部屋

〒130-0014 東京都墨田区亀沢 1-16-7

元関脇水戸泉が平成 14 年 12 月に高砂部屋から独立。カザフスタン、カナダからの入門者もいた

師匠　錦戸 眞幸

しこ名　関脇　水戸泉《みといずみ》

本名　小泉 政人

師匠　出羽海 昭和

しこ名　前頭二枚目　小城乃花《おぎのはな》

本名　小岩井 昭和

生年月日　昭和 42 年 11 月 18 日生

出身地　千葉県

生涯戦歴　541 勝 493 敗 38 休

時津風《ときつかぜ》部屋

〒130-0026 東京都墨田区両国 3-15-4

69 連勝の双葉山の名が燦然と輝く。不幸なトラブルが続いた後に現役幕内だった時津海が平成 19 年に部屋を継いだ

師匠　時津風《ときつかぜ》 正博

しこ名　前頭三枚目　時津海《ときつうみ》

本名　坂本 正博

生年月日　昭和 48 年 11 月 8 日生

出身地　長崎県

生涯戦歴　466 勝 485 敗 43 休

技能賞 4 回

友綱《ともづな》部屋

〒130-0002 東京都墨田区業平 3-1-9

元関脇魁輝の現友綱親方は平成 29 年 6 月に定年。後事をモンゴル出身の旭天鵬に任した

師匠　友綱 隆登

しこ名　関脇　魁輝《かいき》

本名　西野 政章

生年月日　昭和 27 年 6 月 12 日生

出身地　青森県

生涯戦歴　744 勝 790 敗 25 休

敢闘賞 1 回

藤島《ふじしま》部屋
〒116-0014 東京都荒川区東日暮里 4-27-1
元横綱三重ノ海の「武蔵川部屋」を建物ごとそのまま引き継いで平成 22 年秋場所後に「藤島部屋」を継承した

師匠　藤島 武人
しこ名　大関　武双山《むそうやま》
本名　尾曽 武人
生年月日　昭和 47 年 2 月 14 日生
出身地　茨城県
生涯戦歴　554 勝 377 敗 122 休
優勝 1 回／殊勲賞 5 回／敢闘賞 4 回／技能賞 4 回

陸奥《みちのく》部屋
〒130-0026 東京都墨田区両国 1-18-7
元大関霧島が井筒部屋から独立。両国駅前に部屋があり、国技館まで徒歩で 5 分

師匠　陸奥 一博
しこ名　大関　霧島《きりしま》
本名　吉永 一美
生年月日　昭和 34 年 4 月 3 日生
出身地　鹿児島県
生涯戦歴　754 勝 696 敗 40 休
優勝 1 回／殊勲賞 3 回／敢闘賞 1 回／技能賞 4 回

湊《みなと》部屋
〒333-0847 埼玉県川口市芝中田 2-20-10
先代の湊親方は元小結豊山。同親方の定年前の 22 年 7 月、愛弟子の湊富士が継承。逸ノ城が部屋頭

生年月日　昭和 37 年 9 月 2 日生
出身地　茨城県
生涯戦歴　807 勝 766 敗 162 休
優勝 1 回／殊勲賞 1 回／敢闘賞 6 回

二所ノ関《にしょのせき》部屋
〒273-0037 千葉県船橋市古作 4-13-1
元大関の若島津は「松ヶ根部屋」としてスタートさせたが、25 年初場所後に「二所ノ関部屋」と名跡を変え一門の結束を強化した

師匠　二所ノ関 六男
しこ名　大関　若嶋津《わかしまづ》
本名　日高 六男
生年月日　昭和 32 年 1 月 12 日生
出身地　鹿児島県
生涯戦歴　515 勝 330 敗 21 休
優勝 2 回／敢闘賞 2 回／技能賞 3 回

八角《はっかく》部屋
〒130-0014 東京都墨田区亀沢 1-16-1
元横綱北勝海が千代の富士の九重部屋から独立。北の富士の直弟子だったこともあり、北の富士の旧九重部屋を本拠に「八角部屋」を興した

師匠　八角 信芳
しこ名　横綱　北勝海《ほくとうみ》
本名　保志 信芳
生年月日　昭和 38 年 6 月 22 日生
出身地　北海道
生涯戦歴　591 勝 286 敗 109 休
優勝 8 回／殊勲賞 3 回／敢闘賞 3 回／技能賞 5 回

武蔵川部屋《むさしがわ》

〒132-0021 東京都江戸川区中央4-1-10

引退後10年してハワイ出身の横綱武蔵丸が力士育成に乗り出した。ハワイ出身力士を第2の武蔵丸に育てられるかどうか

師匠　武蔵川 光偉

しこ名　横綱　武蔵丸《むさしまる》

本名　武蔵丸 光洋

生年月日　昭和46年5月2日生

出身地　米国

生涯戦歴　779勝294敗115休

優勝12回／殊勲賞1回／敢闘賞1回／技能賞2回

山響部屋《やまひびき》

〒135-0024 東京都江東区清澄2-10-11

今のところ知名度はゼロに近い。旧北の湖部屋である。部屋を隆盛に導いて師匠・北の湖親方を喜ばせるかどうか

師匠　山響 謙司

しこ名　前頭筆頭　巌雄《がんゆう》

本名　平野 兼司

生年月日　昭和45年8月6日生

出身地　兵庫県

生涯戦歴　400勝382敗46休

師匠　湊 孝行

しこ名　前頭二枚目　湊富士《みなとふじ》

本名　三浦 孝行

生年月日　昭和43年7月6日生

出身地　群馬県

生涯戦歴　601勝631敗37休

敢闘賞1回

峰崎部屋《みねざき》

〒179-0073 東京都練馬区田柄2-20-3

花籠部屋所属だった元前頭2枚目の三杉磯。放駒部屋を経て、昭和63年12月に「峰崎部屋」として独立した

師匠　峰崎 修豪

しこ名　前頭二枚目　三杉磯《みすぎいそ》

本名　上沢 秀則

生年月日　昭和31年5月11日生

出身地　青森県

生涯戦歴　545勝567敗5休

宮城野部屋《みやぎの》

〒131-0041 東京都墨田区八広2-16-10

美男横綱だった吉葉山が中興の祖。明武谷、陸奥嵐など超個性派が育ち、現在は白鵬が優勝賜杯を運んでいる

師匠　宮城野 誠志

しこ名　前頭十三枚目　竹葉山《ちくばやま》

本名　田崎 誠

生年月日　昭和32年8月21日生

出身地　福岡県

生涯戦歴　442勝402敗21休

あとがき

「信州の相撲人」は２００８年７月に旧版が発行されました。当時の相撲界は、天下が朝青龍から白鵬に移る頃でした。その２００８年７月、名古屋場所の番付を見ると、東西の横綱は朝青龍と白鵬。大関は４人。琴欧洲、琴光喜、魁皇、千代大海の順でした。２０１７年３月、春場所の新横綱、稀勢の里は小結でした。幕内は総勢42人。モンゴル勢が８人、琴欧洲のブルガリア、把瑠都のエストニア、露鵬のロシア、黒海のジョージアなどヨーロッパ出身が６人。幕内の３分の１弱が外国人力士で占められていました。大相撲の国際化も結構ですが、肝心の日本人力士が頑張らないことには「相撲は日本の国技」などと強がりは言っていられません。

振り返っての長野県ですが、江戸時代に雷電という超スーパー

スターの力士がいたものの、その後はさっぱりで戦後半世紀以上がたつというのに幕内の関取はわずか4人。知人から本書の打診があった時は「〝信州の相撲人〟？　なんで今さら」という思いでした。力士だけでなく、行司、床山などの裏方、相撲アナウンサーなどを紹介して、どうにか1冊の本にまとめることができました。

そんな「相撲人不作地帯」から新しいスター力士が誕生しました。平成第1号関取、木曽郡上松町出身の御嶽海です。大学相撲でアマチュア横綱、学生横綱に輝いた御嶽海には、大相撲でも最高位が期待されています。〝雷電二世〟に成長することを願っています。資料調べ、その他に多大なご協力をいただいた相撲博物館の職員、そしてお世話になった信濃毎日新聞社出版部にあらためて感謝をしたい。

２０１７年４月

京須　利敏

参考文献

『日本相撲史』（大日本相撲協会）酒井忠正
『近代日本相撲史』（ベースボール・マガジン社）日本相撲協会監修
『信濃力士伝』（甲陽書房）中村倭夫
『明治大学相撲部１００周年記念誌』明治大学体育会・相撲部
『東京藝術大学相撲部史』東京藝術大学相撲部史実行員会
『大相撲力名鑑』（共同通信社）水野尚史・京須利敏
「大相撲」読売新聞出版局
「相撲」ベースボール・マガジン社

著者
京須《きょうす》利敏《としはる》

1943年4月東京生まれ。法政大学相撲部出身。
共同通信運動部で大相撲記者として健筆を振るう傍ら、法大相撲部監督も務めた。
東京相撲記者クラブ会友。元日本相撲連盟広報委員長。
著書に『大相撲入門』（秋田書店）、共著に『大相撲力士名鑑』（共同通信社）。

ブックデザイン　酒井隆志

編集　山崎紀子

写真提供　京須利敏
日本相撲協会
信濃毎日新聞社

雷電から御嶽海まで　信州の相撲人

2017年5月21日　初版発行

著　者　京須利敏
発　行　信濃毎日新聞社
〒380-8546　長野市南県町657
TEL 026-236-3377　FAX 026-236-3096
https://shop.shinmai.co.jp/books/
印刷所　大日本法令印刷株式会社

ISBN978-4-7840-7308-5　C0075

定価はカバーに表示してあります。
乱丁・落丁本は送料弊社負担でお取り替えいたします。